MEIN LEBEN OHNE IHN

FSC
www.fsc.org
MIX
Papier | Fördert
gute Waldnutzung
FSC® C106954

Brigitte Karner:
Mein Leben ohne ihn

Coverfoto: Herbert Neubauer / APA / picturedesk.com
Satz: Anna-Mariya Rakhmankina

Gesetzt in der Premiera
Gedruckt in Europa

1   2   3   4   5   —   27   26   25   24

ISBN: 978-3-99001-788-3

Brigitte Karner

Mein Leben
ohne ihn

edition a

Every love story is a ghost story.
Jede Liebesgeschichte ist eine Geistergeschichte.

David Foster Wallace

Warum soll ich von diesem
letzten Jahr erzählen?

Dann muss ich über
meine Schmerzen sprechen.

Über das Zurückbleiben.

Über das Nicht-aufhalten-Können.

Einfach nur da sein
und die nötigen Dinge tun.

Ganz ruhig.

Ganz selbstverständlich.

Zusehen, wie der Körper
immer weniger wird.

Ganz ruhig an deinem Bett sitzen.

Deine Hand halten.

Zusehen

dem Kampf zusehen

den der Körper kämpft.

Das Herz will nicht aufgeben.

Dem Gehen zusehen

*und währenddessen
immer stummer werden.*

Es bleiben keine Worte, nichts,
was man noch sagen kann.

Die Kommunikation
verlagert sich auf eine andere Ebene.

Ich fühle mich

ganz

eng

verbunden mit deiner Seele.

Und ein ganz zartes,
weiches Gefühl verbindet uns.

Als ob man Liebe sagte.

Ein Schmerzgefühl erfüllt den Raum.

Ein Liebesgefühl erfüllt den Raum.

Erfüllt meine Seele.

Erfüllt deine Seele.

Erfüllt alle Seelen, die da sind.

                              Ein wunderschönes Gefühl.
                                  Ein Liebesgefühl.

Liebe.

              Sie erfüllt den Raum.

                                        Ganz.

                              Vollständig.

              Das Herz kämpft noch.

Seine Schläge werden langsamer.

Und plötzlich ist er da.

Der letzte Atemzug.

Meine Reise

Aufbruch

Wien, 1. bis 5. August

»Willst du dir das wirklich antun?« Mein Sohn Kaspar sieht mich ungläubig an, als ich ihm von meinem Plan erzähle.

»Aber doch nicht allein, Mama.«

Ich verstehe meinen Sohn. Er ist nicht allein mit seiner Meinung. Fast alle Freunde und Familienmitglieder, denen ich von meinem Plan erzähle, setzen einen ähnlichen erschrockenen Gesichtsausdruck auf wie Kaspar. Benedikt, der Ältere, ermutigt mich: »Mama, das finde ich stark.« Aber sie alle sorgen sich um mich. Peter und ich waren immer viel unterwegs. Nicht nur privat, auch für Dreharbeiten durften wir ferne Länder und wunderbare Menschen kennenlernen. Ich war immer jemand, der das Abenteuer gesucht hat. Als ich einmal in Ghana drehte und zwei Tage frei hatte, stahlen die Kostümbildnerin und ich uns vom Set, bestiegen einen Bus, der vollgepackt war mit Einheimischen, und fuhren Richtung Dschungel. Drei Stunden lang blickte ich staunend aus dem Fenster, sah Müll und Plastik an den Straßenrändern, spielende Kinder, Frauen mit viel zu großen Körben auf ihren Köpfen, waghalsige Überholmanöver, und am Ende unserer Fahrt sah ich den Dschungel mit seinen Geräuschen, die von überall und nirgends zu kommen schienen, mit seinem vielstimmigen Rascheln und Schaben. Da wir im Finstern ankamen, waren auch die Zimmer, in denen wir übernachten durften, finster. Kleine, schwache Lichtquellen wiesen uns den Weg. Im Zimmer angekommen, betastete ich die Umgebung, fand das Bett und legte mich hinein. Wohl wissend, dass ich auch Bettgenossen tierischer Art neben mir finden könnte. Geführt wurde ich von meinem unhinterfragten Gottvertrauen, dass die Menschen, denen ich begegnen würde, schon gut wären. Und so war es dann auch jedes Mal. Doch nun war ich wie ein in der Hälfte durchgebrochener Berg. Der Krater, der sich zeigte, war tief und groß. Mein Urvertrauen war erschüttert worden.

Ich bin Witwe. Aber was bedeutet das überhaupt? Das Wort Witwe kommt aus dem Althochdeutschen, bereits im 8. Jahrhundert gab es das Wort *wituwa*. Die Stellung, in der ich mich jetzt befinde, ist wohl so alt wie die Gesellschaft selbst. Auf Lateinisch bedeutet *viduus* auch »leer« oder »beraubt«. *Des Mannes beraubt* bedeutete früher meist auch *des Lebenssinns beraubt*. Zumindest wurde das von der Gesellschaft so gesehen. Doch heute ist es anders, oder? Ich fühlte mich nach dem Tod meines Mannes beraubt. Beraubt um Zeit, um Liebe, um Glück. Das Leben hatte mir etwas gestohlen. Und es gab keine Möglichkeit, es wieder zurückzubekommen. Das empfand ich als ungerecht.

Manche Forscher meinen, der Begriff gehe auf indoeuropäische Wortstämme zurück, die sich mit »auseinander« und »setzen, stellen, legen« übersetzen lassen. Der Mann ist tot, das Paar ist auseinandergebrochen, ein Teil bleibt leer zurück. Die männliche Form, Witwer, ist eines der wenigen Wörter im Deutschen, die sich aus der weiblichen Form ergeben und nicht umgekehrt. Es ist ein weit verbreitetes Phänomen, das viel zu wenig Aufmerksamkeit erfährt: Es gibt viel mehr Witwen als Witwer. Ich selbst war schockiert, wie viele Witwen ich seit meiner eigenen Witwenschaft kennenlernte. Männer sterben früher, Frauen bleiben länger allein. Witwe ist immer zuerst die Frau. Ob das bedeutet, die Männer sollten etwas an ihrem Leben ändern?

In manchen patriarchalen Gesellschaften ist es Brauch, dass der nächste Verwandte des verstorbenen Mannes die Witwe heiratet, damit sie nicht allein bleiben muss. Etwa der Bruder. Denn allein hat die Frau keine Berechtigung in der Welt. In Indien war es lange Tradition, die Witwe gemeinsam mit ihrem toten Ehemann zu verbrennen. Illegal wird das in seltenen Fällen auch heute noch praktiziert.

Ich bin Witwe. Ich fühlte mich an vielen Tagen leer, doch es gibt auch zahlreiche schöne Dinge in meinem Leben, für die ich dankbar bin und auf die ich mich freue. Ich weine noch oft, aber ich lache auch wieder. Ich trauere um das, was nicht mehr ist, und sehne mich gleichzeitig nach dem, was noch nicht ist. Innerhalb dieser widersprüchlichen Gefühle möchte ich mich neu entdecken.

Wird eine mehrtägige Autoreise quer durch Europa dabei helfen? Etwas in mir zieht mich hinaus, drängt mir den Plan immer wieder ins Bewusstsein.

Noch nie habe ich vor etwas so viel Bammel gehabt wie vor dieser Reise. Indem ich meinen Bruder bat, mich zu begleiten, versuchte ich mich ein bisschen zu betrügen. Wegen einer Familienangelegenheit musste er absagen, und wie sich später herausstellte, war dies zu meinem Vorteil.

Den Tag schiebe ich immer weiter hinaus. Ich habe gerade mein Engagement in dem Stück »Der Alpenkönig und der Menschenfeind« von Ferdinand Raimund beendet. Es war mein erstes Engagement seit Peters Tod.

Nach Peters Tod nahm ich mir fest vor, ein Jahr lang Schwarz zu tragen, um die Welt fernzuhalten von mir. Um mir einen Freiraum zu verschaffen. Die Welt, in der Peter nicht mehr körperlich existierte. Ich baute unsere Wohnung um, kümmerte mich um Peters

Grabstätte. Ich musste funktionieren, musste die Dinge tun, die getan werden mussten. Doch wo war bei all dem ich? Was war von mir geblieben? Das will ich herausfinden, auf mich gestellt auf dieser Reise.

Der Juli verstreicht, quält mich mit seiner drückenden Hitze, ein Vorbote Thessaliens, wo Peter und ich seit 43 Jahren unseren Sommerurlaub verbringen und seit einigen Jahren ein kleines Haus besitzen. Der August nähert sich beängstigend schnell und mit ihm Peters Geburtstag. Ich weiß, an diesem Tag will ich nicht hier sein, wo mich alles an seinen letzten Geburtstag erinnert.

Doch ich verschiebe die Abfahrt Tag für Tag. Ich liege auf dem grauen Sofa in unserem Wohnzimmer, mit Blick auf die Stelle, wo er in seinen letzten Tagen lag. Auf dieser Reise will ich etwas erleben, will ich spüren, wie sich das anfühlt.

Ich kann mich aber noch nicht lösen. Stets ist da ein Buch, das gelesen werden muss, eine Erledigung, die nicht warten kann. Wenn ich noch ein wenig länger zögere, dann werde ich wohl gar nicht aufbrechen. Also entscheide ich mich, am Montag loszufahren. Am Freitag rufe ich meine Freunde und Familie an und teile ihnen meine Entscheidung mit. Damit wird sie Realität.

Am 4. August, einem Sonntag, liege ich lange wach. Ich kann nicht einschlafen. Eine Enge nistet in meiner Brust, entsteht durch die Schwere der

Angst. Immer wieder aufs Neue denke ich an all die Dinge, die schief gehen können.

Das Navigationsgerät kann ausfallen, die Grenzbeamten könnten mich nicht durchlassen, das Auto kann kaputtgehen. Allein und hilflos kann ich in der serbischen Einöde stranden. Was dann? Da gibt es noch ein abartig seltsames Gefühl, das sich dazwischenschiebt. Ich fühle mich schuldig, weil ich noch da bin?

Weil ich zurückgeblieben bin?

> *Weil das Leben mir trotz allem noch schöne Momente bereithalten kann?*

Darf ich sie genießen?
Darf ich mich über sie freuen?
Ich möchte diese Schuld überwinden.

Die ersten Sonnenstrahlen zersetzen diese Gedanken, wie frischer Tau fallen sie von mir ab. Ich stehe auf und mache mir Kaffee. Kontrolliere, ob alle Dinge verräumt sind. Meine Koffer gepackt.

Dann verfrachte ich alles, was ich mitnehme, in den kleinen Kofferraum des Fiat. Ich setze meine Sonnenbrille auf, starte das Navigationssystem auf meinem Handy, gebe den Namen meines Hotels in Belgrad ein.

Meine Reise birgt Gefahren ...

Doch hier, in unserer Wiener Wohnung, die seit einem Jahr nur noch meine ist, fühle ich mich im Moment sowieso gestrandet ...

> *... wie ein Fisch, der seinen Weg*
> *ins Wasser nicht mehr findet.*

Wer ankommen will, muss sich auf
die Reise machen. Also lege ich den
ersten Gang ein und fahre los.

für heute
(fürchte dich nicht)
von Dietrich Bonhoeffer

morgen
vielleicht
wieder

festere schritte
leichtere gedanken
und eine heitere
gelassenheit mitunter.

aber für
heute
mag es genügen
dass ich mich nicht
allzu sehr verliere
ins dunkle
ins schwere
hinein:

gefunden
von einem leisen
»fürchte dich nicht«.

Unsere Reise

Eine griechische Nacht

Peter und ich lernten uns 1985 beim Dreh des TV-Mehrteilers *Lenz oder die Freiheit* kennen. Der Film basierte auf einem Buch des DDR-Schriftstellers Stefan Heym. Es erzählt die Geschichte des jungen Andreas Lenz, der im deutschen Baden-Baden den Träumen einer Republik nachhängt, in der die Macht vom Volk ausgeht. In der Badischen Revolution von 1848, die ein Teil der zahlreichen »Märzrevolutionen« war, die damals Europa und seine Monarchien erschütterten, kämpfte Andreas für die Durchsetzung dieses Ziels.

Geschickt verknüpft sich die Geschichte von Lenz' äußerem Kampf für eine freiere Gesellschaft mit seinem inneren Kampf zwischen zwei Frauen: der freizügigen, zügellosen Josepha und der bürgerlichen, aus einer jüdischen Kaufmannsfamilie stammenden Lenore.

Der Film war ein Fernsehereignis. Zahlreiche Schauspieler, die bereits Karriere gemacht hatten oder kurz davor standen, spielten mit. In der Hauptrolle als Andreas Lenz: Peter Simonischek. Ich selbst spielte Lenore Einstein, eine gebildete Frau, die intellektuell in der Lage war, die Ideen der Revolutionäre zu verstehen, aber aufgrund ihres Geschlechts von einer direkten politischen Teilnahme ausgeschlossen war. Zu dieser Zeit war ich 32 Jahre alt und hatte bereits einige Filme gemacht, darunter *Die Platzanweiserin*, den Kinofilm *Danni* und die Serie *Die Donauprinzessin*, die meine Durchbrüche in Österreich und Deutschland gewesen waren.

Als die Proben zu den Dreharbeiten begannen und Peter sich bemüßigt fühlte, mir Tipps zu geben, fand ich meinen neuen Schauspielkollegen nicht besonders sympathisch. *Was bildet sich der ein*, dachte ich mir. *Ich lasse mir von niemandem sagen, wie ich meine Rolle zu spielen habe!* Noch dazu hatte ich viel Zeit in die Vorbereitung der Lenore gesteckt. Ich wollte sie emanzipierter und extrovertierter anlegen als sie es in der Romanvorlage war. Dort gab es einen Konflikt zwischen Lenore und ihrem Vater, der den idealistischen Lenz für eine schlechte Partie hielt, den ich stärker herausgearbeitet haben wollte. Und jetzt sollte ich mir von Peter Simonischek die Schauspielerei erklären lassen?

Doch wir Menschen sind dem Herzen hilflos ausgeliefert. Jedes Mal, wenn ich ihm nahekam, sei es in einer gemeinsamen Szene oder in den Pausen, spürte ich, wie die Luft um mich herum flimmerte. Eine Hitze erfasste meinen Körper, die ich so nicht kannte. Bisher hatte ich mich völlig auf meine Arbeit als Schauspielerin konzentriert. Nun war da ein Mensch in meinem Leben, dessen schiere Anwesenheit sich mit einer beinahe schmerzhaften Intensität wie ein Brennen in mir ausbreitete.

Was war es, das mich so an ihm faszinierte? Er sah gut aus, aber das taten viele Schauspieler. Nein, Peter war anders, er war frei. Er hatte ein tief verankertes, natürliches Selbstbewusstsein.

Sein Weg zu einem erfolgreichen Schauspieler schien ihm völlig selbstverständlich. Dank dieser Selbstverständlichkeit wirkte er nie eingebildet oder abgehoben, sondern charismatisch und in sich ruhend. Gleichzeitig brannte ein Feuer in ihm, er kannte im Leben nur eine Richtung: nach vorn. Er war wie ein Sturm, der mich mitriss.

Ich war verwirrt, beängstigt, verunsichert.

Ich wusste, Peter war ein verheirateter Mann.

Doch beide gingen ihre eigenen Wege.

Aber vor allem hatte er einen Sohn.

Alle diese Umstände schreckten mich ab.

Da nur in den Sommermonaten gedreht wurde und wir uns ein halbes Jahr nicht sahen, gingen wir beiden eigenen Projekten nach. Wir sahen uns nicht, aber vergessen konnte ich ihn auch nicht.

Wir trafen uns in Belfort wieder, einem Ort im Elsass, wo die zweite Hälfte des vierteiligen Films *Lenz* abgedreht wurde.

Gleich am ersten Tag lud mich Peter zum Abendessen ein. Den ganzen Abend war ich nervös, wie ich es nicht kannte, vor keinem Auftritt und vor keinem Vorsprechen. Wir saßen in einem hübschen Lokal, auf der Speisekarte französische Köstlichkeiten, und beim Bestellen fiel mir nichts anderes als Pommes frites mit Ketchup ein. Da saß ich also, das Herz schlug mir bis zum Hals, einen Berg nach gebratenem Fett riechender Pommes vor mir, von denen ich kaum eines anrührte, und sah den Mann auf der anderen Seite des Tisches gespannt an. Was würde passieren?

»Ich habe alles geregelt«, sagte Peter. Damals war ich noch jung genug, zu glauben, dass Dinge sich so einfach regeln ließen. In diesem Moment zählte nichts anderes als diese Worte. Ich ergab mich dem, was ich so lange aufgeschoben, von mir weggeschoben hatte.

Es geschah mir, dass ich mich verliebte.

~

Wann wussten Peter und ich, dass diese Verbindung dauerhaft sein würde? Im Rückblick war es wohl eine Episode in Griechenland.

Peter und ich waren noch nicht lange zusammen. Alles war noch ganz frisch und aufregend und neu. So viel darin überraschte, überforderte, faszinierte mich. Peter lebte zu dieser Zeit in Berlin, weil er an der legendären Schaubühne spielte, und ich zog bald zu ihm.

In den späten Achtzigerjahren inszenierte der große Theaterregisseur Peter Stein die *Orestie* des griechischen Tragödiendichters Aischylos. Beide, Aischylos wie Stein, waren auf ihre Art und in ihrer Zeit Ausnahmekönner. Aischylos zählte im antiken Griechenland neben Euripides und Sophokles zu den bedeutendsten Dramatikern. Sein letztes Werk, die *Orestie*, beschäftigt sich mit der Frage, ob Rache moralisch vertretbar sein könne und welche Stellung Selbstjustiz in einer von Gesetzen strukturierten Gesellschaft habe.

Die drei Teile der *Orestie* handeln vom großen griechischen Herrscher Agamemnon, der als Sieger aus dem Trojanischen Krieg zurückkehrt. Doch der Sieg hatte einen Preis. Um die Götter wohl zu stimmen, hatte er vor seiner Abfahrt seine eigene Tochter geopfert. Das kann ihm seine Frau Klytaimnestra nicht vergeben. Als Agamemnon nun also zurückkehrt und sich in der Sicherheit seines eigenen Heims wähnt, erschlägt ihn seine Frau.

Als der Sohn der beiden, Orestes, von einem fernen Ort nach Hause kommt, muss er erfahren, was geschehen ist. Daraufhin nimmt er Rache. Er tötet seine eigene Mutter Klytaimnestra und ihren neuen Liebhaber Aigisthos.

Der Mord an Vater oder Mutter ist im antiken Griechenland, wie in vielen anderen Kulturen, ein nicht zu vergebendes Kapitalverbrechen. Symbolisch dafür tauchen nach dem Muttermord die Erinnyen, grausame Rachegöttinnen, auf, die Orestes in den Wahnsinn treiben sollen. Er sucht Schutz bei der Göttin Pallas Athene. Sie ruft ein Schwurgericht an, in dem Orestes die Chance bekommt, seine Geschichte und seine Absichten darzulegen. Letztlich wird Orestes freigesprochen, denn selbst die Göttin Pallas Athene gibt zu, in einer solchen Situation kein Urteil über einen Menschen sprechen zu können.

Dieser Ausgang des Dramas sorgte bereits zu Aischylos' Lebzeiten für reichlich Diskussion und beschäftigte Denker in den folgenden Jahrhunderten. War der Freispruch von Orestes legitim? Oder hätte er zur Wahrung der Ordnung für dieses Kapitalverbrechen bestraft werden müssen, ganz gleich, aus welchen Gründen er es beging?

Zweitausend Jahre später nahm Peter Stein diese Geschichte wieder auf. Stein hatte die Berliner

Schaubühne zu einem international anerkannten Theater geformt und aus diesem Theater sind Stars wie Bruno Ganz, Edith Clever, Jutta Lampe und Otto Sander hervorgegangen. Die *Orestie* übersetzte er selbst völlig neu, recherchierte intensiv und brachte ein überwältigendes Bühnenspektakel hervor, das in ganz Europa große, beachtliche Erfolge feierte.

Peter spielte darin den Gott Apollon. Kraftvoll und idealistisch, mit einer Leichtigkeit, die keinen Zweifel an der Allwissenheit seiner Figur ließ, was die Einflüsterungen des Gottes Apoll, der Orestes vom Muttermord überzeugt, umso ambivalenter erscheinen lässt. Die Tour war eigentlich schon zu Ende, als die griechische Regierung, kurzzeitig von quer eingestiegenen Kunstschaffenden besetzt, das Stück nach Athen, an den Ort seiner Entstehung, einlud.

Peter bat mich, mitzukommen. Er wollte, dass ich dieses großartige Theaterereignis miterleben konnte. Ich saß also auf dem Stadtberg Lykabettus, dessen höchste Erhebung 227 Meter über der Hauptstadt thront, in einem Athener Freilufttheater. Seine Form war dem klassischen griechischen Theater nachempfunden, die Sitzreihen waren in Halbkreisen auf die Bühne ausgerichtet. Bis zu dreitausend Menschen fanden hier Platz.

Die Vorstellung begann spät. Es war ungewöhnlich kühl, der Geruch der Akazienbäume, die das

Theater umgaben, durchzog die Luft. Unter uns lag die schlafende Stadt, die gleiche Stadt, in der Aischylos vor mehr als zweitausend Jahren dieses Stück geschrieben hatte. Vergangenheit und Gegenwart waren auf unerklärliche Weise miteinander verbunden. Als würde sich für wenige Stunden ein Riss in der Zeit auftun, durch den sich mit der Kraft weniger Zeilen Jahrtausende überspringen ließen.

Das Stück schritt voran. Orest ermordete seine Mutter und flüchtete vor den Erinnyen. Er suchte Schutz bei Pallas Athene und bat sie um Unterstützung. Die große Edith Clever schrie die Klytaimnestra aus ihr heraus, legte all den Schmerz und die Verzweiflung in sie hinein, aber auch den Wahnsinn. Sie mordete ihren Mann, den König, sie riss die Macht an sich. Aischylos legte die Revolution in der Rolle Klytaimnestras an und Clever spürte dieser Revolution nach.

Und wie Stein den griechischen Chor wieder zum Leben erweckte! Alle Schauspieler mussten nicht nur den mythischen Helden und Göttern Leben einhauchen, sondern auch, wenn sie gerade keine Szene hatten, im Chor die Tragödie besingen. Wie bei den alten Griechen kommentierte der Chorgesang die Handlungen der Personen und gewährte den Zusehern einen Einblick in die inneren Dramen der Figuren. Monatelang hatte das Ensemble diesen Gesang geübt, so lange, dass sie die kleinste Veränderung in der Tonlage ihrer Schauspielkollegen erfühlen und darauf reagieren konnten.

Alle Beteiligten hatten eine Könnerschaft erreicht, die ich seither kaum je wieder auf der Bühne erlebt habe. Dieses Stück entzog sich jeder Bewertung, ich konnte es bloß erspüren.

Und dann geschah es: Während Pallas Athene den Hügel emporschritt, die Stadt im Hintergrund, erhob sich die Sonne, durchbrach den Horizont und tauchte das Erscheinen der Pallas Athene in ein hoffnungsvolles, rötlich glänzendes, lebensspendendes Licht.

Dieser unwirkliche Augenblick ließ uns Zuseher glauben, Pallas Athene, Göttin der Weisheit und Schutzgöttin Athens, wäre vor uns erschienen und mit ihr die Möglichkeit auf Ordnung und Gerechtigkeit.

Und als Apollon mit einer Kranvorrichtung auf der Bühne erschien, strahlend schön, genoss ich das Geschenk, dabei sein zu dürfen, aus vollem Herzen.

Es war eine der beeindruckendsten Theateraufführungen, die ich je sehen durfte.

Bereits vor Beginn der Vorstellung war mir ein älterer Mann aufgefallen. Er saß bloß ein paar Sitze von mir entfernt. Die meisten anderen Zuseher waren Griechen, die gesamte Kulturszene des Landes und einige hochrangige Politiker waren zugegen. Doch der Mann stach aus der Menge heraus. Er trug einen weißen Sommeranzug aus Leinen und auf dem Kopf einen weißen Strohhut.

Seine Erscheinung machte mich neugierig. Er wirkte wie ein Künstler. Was er wohl machte? Nach der Vorstellung ging ich vorsichtig auf ihn zu und fragte ihn auf Englisch, wie ihm die Vorstellung gefallen habe.

Er antwortete in perfektem Deutsch, dass er sie ganz großartig gefunden habe. Es stellte sich heraus, dass dieser Herr ein deutscher Künstler war, der bereits seit vielen Jahren in Griechenland lebte. Wie es der Zufall wollte, hatte er gerade einige Häuser in Griechenland gebaut und vermietete sie an Touristen. Kurzerhand buchte ich eines. Peter und ich hatten vor, nach der Aufführung noch eine Woche in Griechenland zu bleiben. Der Mann nannte mir die Adresse, einen Ort, von dem ich noch nie gehört hatte. Ich versprach, ihn am nächsten Tag mit Peter dort aufzusuchen.

Nach dem Mittag des nächsten Tages machten wir uns auf den Weg. Mit einem Mietauto und einer Karte fuhren wir von Athen mehrere Stunden in die

Region Thessalien. Wir durchquerten die Stadt Volos und gelangten auf eine kleine Landzunge. Auf der einen Seite lag der Pagasitische Golf, auf der anderen die Ägäis.

Während wir fuhren, breitete sich langsam die Nacht über uns aus. Ihr schützender Mantel hüllte uns ein, machte uns zu ihren Komplizen auf dieser Reise an einen unbekannten Ort, der irgendwo in ihrer Dunkelheit verborgen lag. Bald schon verschwanden die Sterne vom Himmelszelt und fielen als große, dicke, schwere Regentropfen auf uns herab. Mit einem metallischen Geräusch trommelte der Regen auf unseren Wagen. Wer wusste, wie stark das Unwetter noch werden würde? Die griechischen Straßen waren uneben und holprig, schmal und schlecht beleuchtet. Was, wenn wir von der Straße abkämen und einen Hang hinunterstürzen würden? Oder uns verfahren würden und die Nacht im Auto verbringen mussten?

Plötzlich stieg Peter auf die Bremse. Das Auto rollte an den Straßenrand. Im Licht der Scheinwerfer sah ich ein Schild: Horton. Dahinter ein altes Steinhaus, das als Gaststube diente. Davor ein imposanter Olivenbaum.

Was war los? Hatten wir ein technisches Gebrechen? Oder wollte Peter seinem Unmut Luft machen? In was für eine Situation hatte ich uns da gebracht?

Nichts davon war der Fall. Peter starrte bloß nach vorn.

»Was ist los?«, fragte ich ihn.

»Ich kenne diesen Ort«, sagte er langsam.

Der Apoll, den er gestern noch so überzeugend verkörpert hatte, war aus seinem Ausdruck verschwunden. Dafür sah ich in seinen Augen den kleinen Jungen, der sich in ihm versteckte und dessen Selbstverständlichkeit, Frische und Frechheit mich so in seinen Bann gezogen hatten.

»Was?« Ich war völlig verwirrt. Als ich ihm von der Route erzählt hatte, meinte er noch, genauso wenig von dem Ort gehört zu haben wie ich. Doch obwohl der Name aus seinem Gedächtnis verschwunden war, hatten die Bilder etwas tief in seinem Innern wieder an die Oberfläche geholt.

Es war vor vielen Jahren gewesen, erzählte er mir. Er war neunzehn oder zwanzig. Mit einem klapprigen Auto war er nach Griechenland gefahren, ohne Ziel oder klaren Plan. Er war einfach so lange gefahren, bis er einen Ort erreichte, an dem er bleiben konnte. Dann hatte er dort, auf einer Klippe, unter ihm nichts als das Meer, sein Zelt aufgeschlagen und einige Wochen darin verbracht. Er war im Meer geschwommen, durch die Wälder gewandert, hatte sich bei Einheimischen mit dem Nötigsten versorgt. »In diesem Sommer«, erzählte er mir, »bin ich zu einem Mann geworden. Als ich zurückkam, war ich kein Junge mehr.«

Es dauerte nun keine Stunde mehr, bis wir das Haus des deutschen Malers fanden.

In dieser verregneten, sternenlosen Nacht entstand eine Verbindung zwischen Peters Vergangenheit und unserer Zukunft. Diese Nacht band uns an einen Ort, an den wir jedes der nächsten 43 Jahre zurückkommen sollten. Zuerst zu zweit, dann mit unseren Kindern. Wir fuhren mit unserem Boot auf kleine Inseln, die wir ganz für uns hatten. Wir schwammen mit den Fischen im Meer. Wir schleppten einen großen Tisch auf die Terrasse unseres Hauses, von dem aus wir einen Blick auf die Wellen hatten, die sich vor unserem Eingang über das Ufer brachen.

»Ich möchte mit dir alt werden.«

Es war bereits zu dieser Zeit, als Peter anfing, davon zu sprechen. Ich wusste nicht, was das bedeuten sollte. Ans Alter wollte ich noch nicht denken. An den Tod auch nicht. Für mich gab es nur unser Leben zu zweit. Wir waren doch noch so jung! Hatten unser Leben noch vor uns, alle Erfolge und Errungenschaften! Warum sollten wir jetzt schon ans Alter denken?

Heute, mehr als vierzig Jahre später, komme ich nicht umhin, mich zu fragen, ob Peter etwas wusste oder fühlte, das ich erst viel später verstand. Erst, als er schon nicht mehr war.

~

Wusste ich da schon, dass Peter und ich bis zu seinem Tod zusammenbleiben würden? Nein, im Gegenteil. Herz und Verstand sprechen völlig verschiedene Sprachen. Es liegt an uns, sie zu übersetzen und herauszufinden, ob sie nicht doch dasselbe sagen.

Ich fand die gemeinsame Sprache dieser beiden im Jahr 1988. Ich drehte gerade die Folge *Seitensprung* der deutschen Erfolgsserie *Ein Fall für zwei*, in der Detektiv Josef Matula (gespielt von Claus Theo Gärtner) vor allem für einen Rechtsanwalt arbeitet (zu meiner Zeit gespielt von Rainer Hunold). Gemeinsam mussten sie Kriminalfälle lösen.

Die Serie spielte in Frankfurt am Main. In besagter Folge verkörperte ich eine durchtriebene Frau, die des Mordes an ihrem Liebhaber verdächtigt wird. Zu dieser Zeit hatten Peter und ich bereits einen Sohn, er war ein halbes Jahr alt. Ich hatte mich bewusst für diesen Fernsehfilm entschieden, weil ich eine tiefe Zerrissenheit in mir spürte. Ich wollte für meinen Mann und mein Kind da sein, wollte Frau und Mutter sein. Andererseits hatte ich nicht das Gefühl, bereits alles aus meinem schauspielerischen Können gemacht zu haben. Aber ich wusste auch, wenn ich eine Rolle spielte, kippte ich völlig in sie hinein. Dann war kaum Zeit und Platz für etwas anderes.

In diesem »Fall für zwei« wollte ich es also wissen. Wie würde ich spielen? Wie würde es sich anfühlen? Mir war immer wichtig, Mitspracherecht bei meinen Figuren zu haben, wie bereits bei *Lenz*. Ich wählte für meinen Charakter einen damals unüblichen Stil und wählte extravagante Kostüme. Die Frau, die ich verkörperte, Sonja, war nichts als Schein. Alles an ihr lenkte das Auge ab, sodass es unmöglich war, ihre Seele zu ergründen.

Es machte mir große Freude, diese Rolle zu spielen. Ich war fast wehmütig, als die Klappe zum letzten Mal fiel. Familie oder Karriere? Auf dem Rückweg zu unserer Berliner Wohnung schlug ich mich beständig mit diesem Gedanken herum. Manche Frauen konnten beides vereinen, ich nicht, das wusste ich. Ich fürchtete mich vor der Entscheidung. Ich hatte Angst, damit etwas von mir herauszureißen und für immer zu verlieren.

Was sollte ich tun? Ich nahm mir vor, Peter nach meiner Rückkehr um ein klärendes Gespräch zu bitten. Ich wusste nicht, wie es ausgehen würde, aber ich wollte ihm all meine Gedanken mitteilen und abwarten, was er sagte. Mit diesem festen Vorsatz schloss ich die Tür unserer Wohnung auf, trat ein und ging ins Wohnzimmer. Dort wartete Peter bereits auf mich. Er musste mich an der Tür gehört haben, denn er stand lächelnd im Raum und sah mich erwartungsvoll an.

Sollte ich sofort das Gespräch suchen? Es würde kein besserer Moment kommen. So würde ich es gleich hinter mich bringen. Doch bevor ich das erste Wort aussprechen konnte, holte Peter eine kleine Box hervor. Er streckte sie mir hin und klappte den Deckel auf. Darunter kam ein glitzernder Ring zum Vorschein. »Brigitte«, sagte er, »willst du mich heiraten?«

Typisch Peter. Er hatte eine untrügliche Intuition, und weil er sich stets darauf verließ, wurde er zu einem der besten Schauspieler seiner Generation. Später sollte ich erfahren, dass er, während ich bei den Dreharbeiten war, einen alten Schulfreund aufgesucht hatte, der mittlerweile Pfarrer geworden war. Der hatte ihm sozusagen die Absolution erteilt, erneut zu heiraten, da seine erste Ehe nur standesamtlich geschlossen worden war. Er hatte den Antrag also schon länger geplant. Dass er ihn genau in diesem Moment machte, war ein Zeichen. Ein Zeichen dafür, dass wir schicksalhaft verknüpft waren.

Was tat ich? Ich schlug die Hände vor dem Gesicht zusammen und sagte erst mal nichts. Als ich die Sprache wiedergefunden hatte, bat ich ihn um etwas Zeit. Das war wohl nicht, was er erhofft hatte. Aber ich konnte nicht anders. Ich schloss mich in unser Schlafzimmer ein und rief meine Freundin Eta an. Sie ist eine wunderbare Malerin, deren Bilder bis heute mein Wohnzimmer schmücken. »Eta«, sagte ich. »Du musst sofort kommen.«

Sie wusste, wenn ich so mit ihr sprach, war die Sache ernst. Keine halbe Stunde später spazierten wir beide um den Lietzensee, ich schob meinen Benedikt im Kinderwagen vor mir her.

Wir redeten stundenlang, zuerst im Gehen, dann auf Parkbänken, schließlich in einem Café. Ich breitete mein ganzes Dilemma vor Eta aus. Sie war selbst Künstlerin und verstand, wie sehr ich die künstlerische Auseinandersetzung brauchte. Wie schwer es mir fallen würde, darauf zu verzichten. Aber sie begriff ebenso, dass ich eine konsequente Frau war. Was ich tat, tat ich zu einhundert Prozent. Ich konnte nicht hundert Prozent als Frau und Mutter geben, wenn ich zugleich einhundert Prozent als Schauspielerin geben sollte.

Was tun? Eine geduldigere Zuhörerin als Eta konnte ich mir nicht wünschen. Sie nahm mich ernst, war vorsichtig mit Ratschlägen.

Schließlich lief alles auf eine Frage hinaus: »Möchtest du mit Peter zusammen sein?«

Es war so einfach und gleichzeitig so schwer, wie es in der Liebe eben immer ist. Mein Herz kannte die Antwort, mein Verstand kannte sie auch, und in diesem Moment flossen diese unentwirrbaren Zeichen ineinander über, überlagerten sich und ergaben eine verständliche Sprache. Ich wusste, was diese Entscheidung bedeutete. Sie würde mein gesamtes Leben bestimmen. Nichts würde mehr so sein wie zuvor.

In unserer Berliner Wohnung hatte Peter unruhig auf mich gewartet. Ich gab ihm die gleiche Antwort, die Molly Bloom, Ehefrau der Hauptfigur Leopold in James Joyce' großem Roman *Ulysses*, gibt. In diesem Werk endet ein Tag voller Zweifel, Widersprüche, Konflikte und Orientierungslosigkeit mit Mollys gehauchten, sich überschlagenden, die Welt erschütternden Worten, die an diesem Abend in Berlin auch die meinen waren:

yes I said yes I will Yes.

Meine Reise

Die Musik des Lebens

Von Wien nach Belgrad, 5. bis 7. August

Als die Grenze näherkommt, spüre ich sie wieder, die Angst. Der Sitz neben mir ist leer. Die Angst sucht sich die verlassenen Plätze aus. Nachts auf der leeren Seite des Bettes, auf der er nicht mehr liegt. Beim Essen auf dem Stuhl gegenüber, auf dem er nicht mehr sitzt. Beim Autofahren am leeren Beifahrersitz, von dem aus ich ihn früher oft beim Fahren beobachtete.

Dort reißt sie den Raum mit aller Gewalt an sich. Was nie war, schmerzt nicht, doch was nicht mehr ist, umso mehr. Ich kann die Grenze vor mir bereits sehen. Die Autos werden langsamer, bilden brav eine Reihe. Ich sehe das Zollhäuschen und die Polizisten mit den kugelsicheren Westen und den Waffen, die sie den ganzen Tag lang herumschleppen, um meiner Angst Auftrieb zu geben.

Dinge des Lebens, die eben noch selbstverständlich waren, sind es nicht mehr, weil das Selbstverständlichste aus dem Leben verschwunden ist. Das, was immer da war, das alles zusammenhielt, der gemeinsame Nenner. Es sind immer die Menschen, die Dinge zusammenhalten. Die Rituale und Gegenstände zu einem Leben ordnen, das dir oder mir gehört. Sind sie weg, werden Handlungen zu mechanischen Abläufen sinnloser Bewegungen. Die Dinge werden leblos. Wie ein Filmstreifen, den jemand in tausende Einzelteile geschnitten hat. Für den Projektor unbrauchbar geworden, ergibt er keine Geschichte mehr, bewegt sich nicht mehr vorwärts.

Würde ich es schaffen, diese Grenze zu überschreiten? EU-Außengrenze, schon das Wort hat etwas Abschreckendes. Dabei wollen die Politiker Ungarns die Menschen eigentlich daran hindern, hineinzukommen, nicht hinaus. So viele Fehler könnten mir unterlaufen. Ich könnte die passenden Dokumente nicht finden oder gar vergessen haben, obwohl ich vor der Abfahrt alles fünfmal kontrolliert habe. Mein Auto könnte eine technische Unzulänglichkeit haben, obwohl die Werkstatt es erst vor Kurzem kontrolliert hat, eine Unzulänglichkeit, von der ich gar nichts weiß. Vielleicht ist es zu klein, zu langsam, alles scheint mir möglich. Vielleicht gefällt dem Polizisten meine Sonnenbrille nicht.

Ich schwitze. Das Atmen geht schwer, zumindest kommt es mir so vor. Umdrehen kann ich nicht mehr, selbst wenn ich wollte. Quälend langsam und zugleich erschreckend schnell rolle ich auf die Grenze zu. Ich bleibe stehen, mein Herz trommelt in einem hysterischen Takt. Der Polizist beugt sich zu mir, wirft einen kurzen Blick in den Innenraum. Dann winkt er mich weiter. Nicht einmal das Fenster musste ich hinunterlassen. Ungläubig steige ich aufs Gas und passiere die Grenze. Ich bin nun in Serbien. Plötzlich breitet sich eine gewaltige Freiheit vor mir aus. Diese Straße könnte ich ewig entlangfahren. Solange ich fahre, habe ich ein Ziel. Erst, wenn ich stehen bleibe, setzen die Gedanken wieder ein.

Die weiten Felder der serbischen Ebene begleiten mich auf meinem Weg in die Hauptstadt. Sie bieten so viel Platz und sind dabei so leer. Die Leere, wird mir klar, ist nicht bloß beängstigend, weil sie entbehrt, woran wir uns festhalten könnten. Sie ist auch befreiend, weil sie sich uns öffnet, sich füllen lässt mit unseren Einbildungen, Träumen und Vorstellungen. Im Angesicht einer leeren Bühne können Schauspielern die Wörter im Mund zu unzusammenhängenden Buchstaben zerfallen.

Oder sie lassen zu, von der Leere verschluckt und verwandelt zu werden. Dann kann etwas Neues geboren werden, von dem sie zuvor noch nicht einmal etwas geahnt hatten.

Möchten wir die Leere kontrollieren, sie eindämmen, wird sie uns erschlagen. Doch schaffen wir es, uns ihr zu überlassen, kann uns etwas gelingen. Dinge in die Leere zu setzen, unserem Leben neue Formen zu geben.

Wenige Stunden später fahre ich durch die letzte Mautstation vor Belgrad. Die zwei sozialistischen Wohnblöcke, die sich schief über die Sava neigen wie Bambus im Wind, bilden das inoffizielle Tor.

Als die Autobahn langsam zum Teil der Stadt wird, werfe ich einen Blick auf das Navigationsgerät. Es funktioniert nicht mehr. Verbindung fehlgeschlagen. Die Angst kehrt in Wellen zurück. Ich kämpfe mit klaren Gedanken. Weiterfahren, denke ich. Ich muss weiterfahren. Das Hotel Moskva ist mein Ziel. Es liegt im Herzen der Stadt. Es ist ein prächtiger Bau aus dem 19. Jahrhundert, die Fassade eine verspielte Mischung aus floralen Art-nouveau-Motiven und harten geometrischen Art-deco-Kanten. Neoklassizistische Opulenz, Marmor, Kronleuchter und Gold beherrschen das Innere. Es stammt aus einer anderen Zeit. Viele Künstler debattierten hier über die Zukunft ihres Landes, während des schrecklichen Krieges berichteten Journalisten aus aller Welt aus diesem Hotel. Doch wie soll ich es finden?

Ich versuche, von der Autobahn runterzukommen. Folge Schildern, von denen ich vermute, dass sie den Weg ins Zentrum weisen. Biege von einer Straße in die nächste. Ich weiß nicht, ob ich fünfzehn Minuten oder zwei Stunden unterwegs bin, ob ich im Kreis fahre oder Belgrad schon wieder verlassen habe, jedenfalls finde ich mich in einer ziemlich heruntergekommenen Straße wieder. Außer mir ist kein Auto auf der ungepflasterten Straße. Ein Junge, vielleicht sechzehn oder siebzehn, geht vor mir. Er trägt einen Werkzeugkoffer. Ich halte neben ihm an und lasse das Fenster hinunter. Ich nehme all meinen Mut zusammen und die Verzweiflung noch dazu. »Sorry«, sage ich, »do you know, where the Hotel Moskva is?«

Im ersten Moment schaut er ziemlich irritiert. Dann lächelt er und nickt. Sein Englisch ist nicht schlecht, aber seine Wegbeschreibung ziemlich ausschweifend. Mit seinen Armen gestikuliert er wild.

Ob er nicht einsteigen und mich einfach hinführen könne, frage ich ihn. Vielleicht ist das eine seltsame Frage, aber in diesem Moment ist es mir egal. Nach acht Stunden Fahrt möchte ich einfach ankommen.

Der Junge scheint keine Angst zu haben. Er stellt den Werkzeugkoffer ab, öffnet die Tür und steigt ein. Ob er keine Angst um den Koffer habe? Er schüttelt den Kopf und lacht. Hier kenne er alle, die stehlen ihm nichts. Er zeigt nach vorn. Fahren, sagt er auf Englisch. Also fahre ich.

Es dauert nicht lange, wohl keine zehn Minuten. Nach fünf oder sechs Abbiegungen stehe ich vor dem imposanten Hotel. Ich drücke dem Jungen eine Belohnung in die Hand, während er gebannt auf die Fassade des Gebäudes blickt. Dann verabschiedet er sich freundlich und geht in die Richtung zurück, aus der wir gekommen sind.

Meinen Wagen stelle ich in die Garage. Erschöpft beziehe ich mein Zimmer. Mittlerweile ist es früher Abend. Erst jetzt, wo ich meine Gelenke wieder bewege, spüre ich, wie sehr mein Körper vom langen Fahren schmerzt. Doch die neue Umgebung, das schöne Hotel, ergreifen mich. Ich möchte ihm meine Ehre erweisen. Also dusche ich, ziehe mir ein schönes Kleid an und gehe hinunter, wo auf der Terrasse des Hotels die Tische für das Abendessen gedeckt sind. Eine Pianistin sitzt am Klavier und spielt verträumte Lieder, die mich an Debussy erinnern.

Ich bestelle ein kleines Abendessen, denn trotz der Anstrengung verspüre ich kaum Hunger. Bald darauf falle ich ins Bett. Ich bin so müde, beinahe gelingt es mir, zu vergessen, dass morgen Peters Geburtstag ist.

Wir können den Ort wechseln, der Zeit aber nicht entkommen. Das denke ich beim Aufwachen. Zugleich kann die Zeit nicht ohne einen Ort existieren, an dem sie vergeht. So gesehen beeinflussen sich Zeit und Ort beständig. Das ist zumindest meine Hoffnung, die mich durch den Tag bringen soll.

Zum Glück bin ich vorbereitet. Freunde haben einen Bekannten, einen serbischen Journalisten, organisiert, Zoran, der mir die Stadt zeigen wird. Das soll mich ablenken. Während des Frühstücks fällt mir der Bösendorfer auf, der im Salon des Hotels steht. Das Klavier glänzt wie neu. Die Frau von gestern hat ein Pianist in schwarzem Anzug abgelöst, der heute vor dem Bösendorfer sitzt und Gershwin spielt. Das beruhigt mich, während ich mir am Buffet ein kleines Frühstück zusammenstelle.

Ich habe das Klavierspielen gelernt, als ich noch ein Mädchen war, wir hatten aber kein Geld, um mir teuren Unterricht zu ermöglichen. Daher war ich immer beschämt, wenn andere besser spielten als ich. Nachdem einmal eine Freundin unserer Familie mit ihrer Tochter vorbeikam, die in einem bedeutenden Konservatorium ausgebildet wurde, fühlte ich mich so ungenügend, dass ich nie wieder spielen wollte. Doch mein Vater nahm mich in die Arme und sagte: »Du spielst vom Herzen. Hör nie damit auf.« Diesen Satz höre ich noch heute, wenn ich mich vor das Klavier setze und die Musik genieße. Dem Herzen zu vertrauen, das hatte ich damals gelernt.

Zoran, der mich abholt, ist freundlich, spricht fließend Deutsch und scheint sich ehrlich darüber zu freuen, für mich Fremdenführer zu spielen, obwohl wir uns nicht kennen.

Ob er wohl weiß, dass heute der Geburtstag meines verstorbenen Mannes ist? Fühlt er etwas? Oder fühle nur ich das? Gehört unser Schmerz, egal wie groß er ist, immer nur uns allein?

Zoran führt mich durch die *Weiße Stadt*, in der so viele Gruppen ihre Spuren hinterlassen haben: Slawen, Osmanen, Habsburger. Wir spazieren an den Punkt, wo sich Donau und Sava treffen, zwei Flüsse, die nicht nur Wasser, sondern auch die Geschichte von Jahrhunderten mit sich führen. Zoran zeigt auf die Boote, die am Ufer liegen und in denen in der Nacht junge Menschen Partys feiern. Lachend erinnert er sich an seine eigene Jugend.

Wir besuchen die Festung, die am Flussufer über der Altstadt thront und vom Kalemegdan-Park umgeben wird. Ein steinernes, fettes Bollwerk, das wie ein Relikt aus längst vergangenen Zeiten anmutet, wobei Zoran und ich wissen, dass unsere Zeit diesen fernen Jahrhunderten näher ist, als manche glauben wollen.

Zoran führt mich in den Dom des heiligen Sava, geweiht dem ersten serbischen Erzbischof und Nationalheiligen. Die Kuppelform erinnert an die Hagia Sophia, der Innenraum ist neobyzantinisch, also voller Prunk, Ornamente und Gold. Es ist eine der größten orthodoxen Kirchen der Welt, wie mir Zoran erzählt. Der Bau begann 1926 und ist noch immer nicht abgeschlossen, obwohl seit 2016 niemand mehr Hand anlegt.

Der Außenteil ist fertig, der Innenteil noch nicht. Vielleicht haben sich die Menschen mit dem unvollendeten Zustand der Kirche abgefunden. Das wäre ein schönes Symbol, wo doch das Unvollendete, das Unvollständige, den Menschen und den Religionen seit jeher so großes Grauen bereitet hat.

Während wir durch die Altstadt Stari Grad spazieren, mit ihren einst prachtvollen, mittlerweile heruntergekommenen Gebäuden, die Erdgeschoße von jungen Menschen besetzt, die sie in Lokale, Geschäfte und Bars verwandeln, fällt mir auf, wie die Sonne zu ihrem Sinkflug ansetzt. Bald wird Zoran sich verabschieden und ich werde wieder allein sein.

So kommt es dann auch. Freundlich und herzlich verabschiedet er sich vor meinem Hotel, während die Klänge des Pianos von innen zu uns dringen. Es ist eine Melodie, die zur einsetzenden Dämmerung passt, Schubert vielleicht. Ich bedanke mich, kann gar nicht richtig ausdrücken, wie dankbar ich ihm dafür bin, an diesem Tag nicht allein gewesen zu sein.

Mein Magen meldet sich und obwohl ich weiß, dass ich vermutlich keinen Bissen hinunterbekommen werde, entscheide ich mich, etwas zu essen. Ich ziehe mich um, gehe auf die Terrasse des Hotels und bekomme einen Tisch. Auf die Frage der jungen Kellnerin, ob ich allein sei, nicke ich. Da sitze ich also, auf der Terrasse des Hotel Moskva in Belgrad, einen Martini vor mir. Was tue ich hier? Wohin bin ich wirklich unterwegs?

Ich nehme das Glas und proste Peter zu. Ihn hätte meine Irrfahrt gestern sicherlich amüsiert. Er wusste, dass ich über keinerlei Orientierungssinn verfüge. Was er wohl zu meinem Plan gesagt hätte? Wahrscheinlich hätte er ihn toll gefunden, hätte sich aber auch Sorgen gemacht. Aber ich kann ihn nicht mehr fragen. Noch so eine Sache als Witwe. Mein ganzes Leben lang habe ich bei wichtigen Entscheidungen immer den gleichen Menschen gefragt. Deswegen kann ich jetzt, wo dieser Mensch nicht mehr da ist, niemanden mehr fragen. Ich muss mir die Antwort selbst geben.

»Was wollen Sie essen?«, fragt die lächelnde Kellnerin auf Englisch. Ihre Stimme ist sanft. Freundlichkeit liegt in ihren Augen. Der Hunger ist verschwunden, aber ich weiß, dass ich essen muss. Ein Martini allein sieht nicht gut aus. »Was können Sie empfehlen?«, frage ich.

»Die Burger sind gut«, sagt die Kellnerin.

Ich bin eigentlich keine Fleischesserin. Burger habe ich schon ewig nicht mehr gegessen. Aber ich glaube nicht, dass ich selbst etwas aussuchen kann, also nicke ich nur.

Lass dir nichts anmerken, denke ich, als ich an meinem Martini nippe. *Die Menschen sollen nicht merken, dass du allein bist. Einsam. Dass du Witwe bist.*

Der Burger ist viel zu groß, viel zu fettig. Der Geruch allein vertreibt mich beinahe. Aber ich zwinge mich, sitzen zu bleiben. *Iss normal*, sage ich mir. *Lass dir nichts anmerken.*

Erst jetzt fallen mir die Pommes auf, die neben dem Burger liegen. Ich muss an den Abend vor vielen Jahren denken, als Peter mich in Belfort ausführte und ich vor Nervosität nichts anderes als einen Haufen Pommes bestellte. Bin ich etwa noch immer dieses verschüchterte, ängstliche Mädchen? Bei dem Gedanken muss ich lächeln. Ich esse die Pommes und sogar einige Bissen des Burgers.

Währenddessen denke ich an Belfort. Es war so etwas wie unser Hafen. Es gab dort eine Bar, in die Peter und ich gern gingen, sie gehörte einem Franzosen, aber geführt wurde sie von seiner Frau, eine sinnliche Erscheinung. Dort trafen wir uns auch an den Tagen, an denen wir nicht gemeinsam drehten. Peter kam aus einer Welt des Zwangs. Er fühlte sich ständig unter Druck, den Erwartungen anderer gerecht zu werden. Doch Belfort war die Welt, die Spaß machte. In der wir lachen und uns amüsieren konnten. In seinem Hotel begrüßte ihn die Rezeptionistin als »Mr Simon Jack«, weil sie den Namen Simonischek nicht aussprechen konnte. Darüber haben wir uns blödgelacht. Auch ein paar gemeinsame Leidenschaften nahmen dort ihren Anfang. Eines Tages sahen wir ein Musikfestival im Fernsehen und lernten so die Sängerin Bette Midler kennen. Nachdem sie ihren Auftritt beendet hatte, musste

53

sie den nächsten Act ankündigen. »Oh yeah«, sagte sie und ihre Verachtung war zu spüren, »here is someone called Madonna.« Es musste einer ihrer ersten großen Auftritte gewesen sein. Peter und ich blieben lieber bei Bette Midler. Und jedes Mal dachte ich in unsere Heiterkeit hinein: Vielleicht durften wir ja doch so glücklich sein.

Während ich dort sitze und esse, unterhalte ich mich in Gedanken mit Peter. Stelle mir vor, er wäre hier bei mir. Als ich das Besteck zurücklege, zum Zeichen, dass ich fertig bin, höre ich die Musik. War sie schon die ganze Zeit da? Bilde ich sie mir nur ein? Es ist das Klavier, das den ganzen Tag zu hören war. Ein Stück wie eine Brise Nachtluft, Chopin vielleicht. Die Musik wirkt besser als der Martini. In ihr fühle ich mich leicht und geborgen.

Nachdem ich bezahlt habe, gehe ich in mein Zimmer. Der letzte Gedanke, den ich an diesem Abend habe, ist kein trauriger. *Alles Gute, Peter,* denke ich, *danke für unsere gemeinsame Zeit.* Dann schlafe ich ein.

Am nächsten Tag packe ich vor dem Frühstück meine Sachen. Ein großes Buffet. Ich nehme mir ein wenig Marmelade und eine Semmel, dazu bestelle ich Kaffee. Auf der Terrasse des Hotels ist es bereits angenehm warm. Da höre ich erneut das Klavier. Diesmal etwas Kraftvolleres, Beethoven vermutlich. Ein neuer Pianist sitzt jetzt am Bösendorfer. Das Moskva ist wohl das einzige Hotel Belgrads, vielleicht sogar Serbiens oder gar Europas, das den ganzen Tag Live-Musik bietet. Wenn ein Pianist müde wird, löst ihn ein anderer ab.

Der Gedanke bringt mich zum Lächeln. Die Show muss weitergehen. Die Musik des Lebens verstummt nicht, nur die Musiker wechseln sich ab.

The Rose
von Bette Midler

Some say love, it is a river
That drowns the tender reed
Some say love, it is a razor
That leaves your soul to bleed
Some say love, it is a hunger
An endless aching need
I say love, it is a flower
And you, its only seed

It's the heart, afraid of breaking
That never learns to dance
It's the dream, afraid of waking
That never takes the chance
It's the one who won't be taken
Who cannot seem to give
And the soul, afraid of dying

That never learns to live
When the night has been too lonely
And the road has been too long
And you think that love is only
For the lucky and the strong

Just remember in the winter
Far beneath the bitter snows
Lies the seed that with the sun's love
In the spring becomes the rose

Unsere Reise

Wiedersehen

Er lag in der leeren, kalten Halle, bläuliches Licht wie ein Leichentuch über ihm. Der Boden und die Wände gefliest, damit jede menschliche Regung aus diesem Raum gewaschen werden konnte. Ein Körper, kein Mensch. Als ich ihn dort liegen sah, abgeschnitten von allem, was ihn ausgemacht hatte, schwor ich mir, bei mir würde es anders sein. Nie würde ich so aufgebahrt sein, die Hülle, die einst ich gewesen war, ausgesetzt den Blicken der Lebenden.

»Wie geht es dir?«, fragte Peter, als ich nach Hause zurückkehrte. Die Nachricht vom Tod meines Vaters war völlig überraschend gekommen. Noch am Frühstückstisch hatte ich mit ihm telefoniert. »Es ist so schönes Wetter, Ginkerle«, hatte er gesagt, Ginkerle abgeleitet von Gitti, »du musst spazieren gehen.« Also hatte ich Benedikt genommen und war mit ihm und Peter spazieren gegangen.

Als ich in unsere Wohnung zurückkam, war mein Bruder am Anrufbeantworter. »Ruf sofort zurück«, sagte er nur.

Als ich ihn anrief, erzählte er mir, was geschehen war. Mein Vater war nach dem Frühstück und unserem Telefonat aufgestanden, hatte sich wie jeden

Morgen die Hände gewaschen und war in den Hof gegangen. Meine Mutter war im Haus geblieben. Nach einiger Zeit hatte sie beschlossen, nach ihm zu sehen. Sie ging in die Küche und von dort auf den kleinen Hof zwischen Haus und Schuppen. Dort lag mein Vater am Boden. Die Rettung konnte nur noch Herzversagen feststellen.

Ich war sofort losgefahren, hatte meinen Vater in der Leichenhalle aufgebahrt gesehen, Abschied genommen, und war nach Berlin zurückgekehrt. Nun umarmte ich Peter und ging in unser Schlafzimmer, wo ich mich ins Bett legte. So oft hatte ich auf der Bühne oder im Fernsehen Rollen gespielt, die gemordet hatten oder getötet worden waren. Und doch war er mir so fremd, der Tod. Mein Vater war nicht mehr. Was bedeutete das?

Es bedeutete, Erinnerungen waren nun alles, was mir von ihm blieb. Ich tauchte tief in sie ein. Vielleicht ließ sich der Tod nur verstehen, wenn wir unser Leben vom ersten Moment bis zum letzten gelebt hatten und dann, in diesem letzten Moment, begreifen wir.

Meine Eltern hatten eine einzigartige Beziehung gehabt. Meine Mutter war eine schöne Frau gewesen, die Schönste in ihrem Dorf. Sie wollte Schauspielerin werden. Ich wusste nicht, woher sie diesen Wunsch hatte, wuchs sie doch in einer Bauernfamilie auf, wo künstlerische Karrieren nicht gerade auf große Akzeptanz stießen.

Ihr Traum endete mit sechzehn Jahren. Als sie mit den Pferden arbeitete, trat eines der Pferde aus. Der Huf traf sie am Unterkiefer und zerstörte ihr unteres Gebiss. Für Operationen fehlte damals jedes Geld. Aus einem Mädchen mit Träumen und Lebensmut wurde eine in sich gekehrte, ruhige Frau, die sich beim Lachen die Hand vor den Mund hielt.

Dann kam ihr zukünftiger Mann, mein Vater, aus dem Zweiten Weltkrieg zurück. Er war in der letzten Schlacht des Krieges als Kanonenfutter an die Front geschickt worden. Er hatte überlebt, war allerdings verletzt worden und erblindet.

Als er es endlich geschafft hatte, dieses Schicksal anzunehmen, wurde er Musikant, der durch die Gasthäuser zog, spielte Akkordeon und Volkslieder und verdiente sich dadurch seinen Lebensunterhalt.

Meine Mutter musste in dem Lokal, in dem er spielte, manchmal etwas vorbeibringen. Bei diesen Gelegenheiten lernten sie sich kennen. Mein Vater war ein sensibler, einfühlsamer Mensch, während meine Mutter aus einer Familie mit dreizehn Kindern kam. Die Aufmerksamkeit, die ihr mein Vater entgegenbrachte, war sie nicht gewohnt. Doch endlich musste sie die Hand nicht mehr vor den Mund halten. Daraus entstand eine lebenslange Liebe.

Bald darauf kamen ich und meine Geschwister zur Welt. Ich konnte es kaum erwarten, in der Schule lesen zu lernen, weil ich meinem Vater vorlesen wollte. Vielleicht lese ich heute deswegen so gern vor Menschen. Weil ich nicht für mich, sondern für einen anderen Menschen das Lesen gelernt habe.

Ich sah die Welt immer auch durch die Augen meines Vaters. Ich begriff schon bald, dass er durchaus sah, allerdings anders als wir anderen. Jeder Gegenstand im Haus hatte seinen Platz und in dieser Ordnung fand mein Vater Dinge schneller als wir. Ich achtete darauf, nichts auf dem Boden oder an Tischkanten liegenzulassen. Jedes Mal, wenn ihm etwas hinunterfiel oder er über etwas stolperte, ärgerte er sich viel mehr darüber als ein sehender Mensch, ließ ihn dieses Ungeschick doch spüren, was er verloren hatte. Bis heute sind meine Bewegungen langsamer, genauer, sorgfältiger als die anderer Menschen, weil ich mit einem Vater aufwuchs, der jeden Millimeter um sich herum erfühlen musste.

Wenn Handwerker bei uns im Haus waren, kam mein Vater manchmal in den Raum und blieb eine Weile still stehen, um dann auf einen Fleck an der Wand zu zeigen und zu sagen: »Da haben Sie aber nicht gut gearbeitet!«

Das machte die Handwerker verrückt, die dann meist schimpfend abzogen. Nur um kurz darauf wiederzukommen und die Stelle, auf die mein Vater gezeigt hatte, auszubessern.

Mein Vater war ein unheimlich starker Mann. Als Kriegsblinder erhielt er einen Tabakladen, den er klug und effektiv verwaltete. Meine Mutter half ihm und genoss es, mit den Kunden zu sprechen. Nachdem ein guter Zahnarzt bezahlt werden konnte, der ihre Kieferverletzung behob, wurde der Laden zu ihrer Bühne, auf der sie brillierte. Aus der schüchternen Bauerntochter wurde eine tüchtige, charmante, erfolgreiche Trafikantin. Leider bekam mein Vater im Laufe der Jahre manchmal zu hören: »Wieso hat ein Blinder eine so schöne Frau?«

Das kränkte ihn. Viele Menschen denken, Schönheit, die nicht gesehen werden kann, sei keine Schönheit. Doch das stimmt nicht. Mein Vater kannte meine Mutter wie kein anderer Mensch sie kennen konnte, er sah sie, wie niemand sonst sie sah. Er berührte uns Kinder im Gesicht und meinte, er wisse genau, wie wir aussahen. Für ihn setzten sich die Formen unserer Persönlichkeit völlig anders zusammen, doch das hieß nicht, dass er weniger von uns wusste. Vielleicht kannte er uns sogar besser als irgendjemand sonst.

Meinen Eltern war wichtig, dass ihre Kinder einen Beruf lernten. Also schloss ich eine pädagogische Ausbildung ab. Als ich danach entschied, es mit der Schauspielerei zu versuchen, unterstütze mich mein Vater bedingungslos. Er ermöglichte mir, an der Schauspielschule Zürich zu studieren.

Äußerlichkeiten spielten in meiner Jugend keine Rolle. Es gab keine Bewertungen. Es ging nur um den Menschen, um den Charakter, um die Persönlichkeit, um die Energie. Das prägte mich. Erst, als ich in die Welt hinausging, erkannte ich, wie wichtig diese Einteilung in schöne und weniger schöne Menschen war. Doch ich konnte damit nichts anfangen. Erst durch meinen Mann lernte ich, mich selbst als schön wahrzunehmen, denn Peter sagte stets: »Egal, wo wir sind, du bist immer die Schönste.« Das machte mich verlegen, doch es stärkte auch mein Selbstbewusstsein.

Das ist Liebe: zu lernen, sich so zu sehen, wie der Geliebte einen sieht. Zu lernen, die Liebe, die wir für den anderen empfinden, auch für uns selbst zu empfinden.

So lag ich also im Bett unserer Berliner Wohnung und begriff noch immer nicht, dass mein Vater gestorben war. Meine Erinnerungen führten mich in den bläulichen, kalten Raum, aus dem sich alles Leben zurückgezogen hatte. Er war tot. Ich fühlte, wie meine Wimpern schwer wurden von den Tränen, die auf ihnen hingen. Mein Hals kratzte, meine Gesichtsmuskeln zogen sich zusammen, wie sie es tun, wenn der Mensch zu weinen beginnt. Mein Vater war tot. Was bedeutete das?

Da kam mir ein Gedanke, so absurd und unerwartet, dass sich meine Muskeln lockerten und sich meine Mundwinkel unwillkürlich zu einem Lächeln hoben. Doch je länger ich mit diesem Gedanken allein blieb, desto tröstender, schöner, wahrer, wurde er. Schließlich gelang es mir, die Augen zu öffnen. Die Tränen waren bereits getrocknet.

Das Bild meines Vaters, wie er auf der metallischen Bahre lag, so unwürdig ich die Situation seiner Aufbewahrung auch fand, würde mein Leben lang mit einem Gedanken verbunden sein: *Jetzt kann er sehen.*

Das dachte ich. Es fühlte sich richtig an. Im Tod konnte mein blinder Vater sehen, zum ersten Mal seine Tochter sehen. Ich war sicher, was er sah, machte ihn glücklich. *Sei nicht allzu traurig, Mädchen,* würde er sagen. *Sieh dich um, schau auf dein Leben. Du hast jeden Grund, glücklich zu sein.*

Dankbarkeit erfüllte mich. Sie vertrieb die trüben Gedanken. In diesem Moment war ich eine Frau, die in ihrem Bett lag, nachdem ihr Vater verstorben war, und Dankbarkeit empfand. Das war es also, was der Tod für mich bedeutete. Er schloss unser Leben ab, war Teil von ihm, vervollständigte es.

»Ich wünschte, es wäre ein anderer Krebs«, sagte der Arzt. »Dann könnten wir noch etwas machen.«

Ich umklammerte Peters Hand. Aus den Augenwinkeln versuchte ich, eine Regung in seinem Gesicht zu erkennen. Doch da war nichts. Nicht die Wut, die ich verspürte. Wut auf diesen Parasiten, der in der Lunge meines Mannes wucherte und sich zwischen uns geschoben hatte. Wut auf die Worte des Arztes, die keine Hoffnung ließen. Vielleicht dachte er sich, in welche Worte er die Wahrheit auch kleidete, sie blieb doch dieselbe. Doch das stimmte nicht. Worte haben Macht. Sie können Hoffnung schenken und Zuversicht, oder in Depression und Trauer stürzen. Sie sollten mit Bedacht gewählt sein.

Darüber dachte ich nach, während der Arzt die nächsten Monate vor uns ausbreitete. Weitere Untersuchungen, Chemotherapie, neue Medikamente. Wir würden viel Zeit im Spital verbringen müssen. In diesem Moment hätte ich darüber nachdenken können, was das alles für mich bedeutete. Ich würde Peter pflegen müssen. Diese letzten Monate oder Jahre würde sich alles um ihn und seinen Gesundheitszustand drehen. War ich dazu bereit?

Doch die Frage stellte sich für mich nicht. Ich hatte sie schon viele Male in den Jahrzehnten unserer Ehe beantwortet. Wer sein Leben lang zueinandergestanden hat, der geht auch den letzten Teil der Strecke gemeinsam. Ich dachte an meinen Vater und schwor mir, ich würde alles dafür tun, Peters Weg leichter zu machen. Ihn nie alleinlassen.

Peter war auch noch stumm, als wir vor die Klinik nach draußen traten. Es war ein kühler Herbsttag.

Ich führte ihn zu einer Bank in einem kleinen Park. »Warte hier«, sagte ich. »Ich bin gleich zurück.«

Ich ging in den Laden gegenüber dem Park und kaufte eine Flasche Sturm. Auf dem Rückweg holte ich bei einem Stand am Eingang des Parks eine Tüte heiße Maroni. Peter liebte heiße Maroni seit seiner Kindheit.

Damit setzte ich mich neben ihn. »Wir geben den Kindern und der Familie Bescheid«, sagte ich. »Aber nicht sofort. Jetzt sitzen wir erst mal hier und tun gar nichts.«

Peter nickte.

Wir tranken Sturm aus der Plastikflasche und schälten die noch viel zu heißen Maroni. Zunehmend spürten wir die erheiternde Wirkung dieses Getränks.

Ich hätte gern gewusst, was er dachte, traute mich aber nicht, zu fragen. Das sollte mir in den nächsten Monaten noch öfter passieren. Von unveränderlichen Tatsachen zu wissen ist eine Sache, darüber zu sprechen eine völlig andere. Ich dachte bereits an alle Dinge, die getan werden mussten. Wem mussten wir Bescheid geben? Welche Ärzte konnten wir konsultieren? So war ich, ich flüchtete mich in Pläne, sie gaben mir Ordnung und Halt.

An den Tod dachte ich nicht.

Ich sah bloß die nächsten Schritte, wollte von einem Punkt zum nächsten, denn solange wir uns voran bewegten, war das Leben noch da und der Tod fern. Das zumindest redete ich mir ein. Ein Paar spazierte an uns vorbei, ich schätzte beide etwas jünger als uns. Ich stand auf, trat zu ihnen und streckte ihnen mein Handy hin. »Könnten Sie bitte ein Foto von uns machen?«, fragte ich auf Englisch.

Die Frau nahm das Handy lächelnd entgegen. Ich setzte mich neben Peter auf die Bank, er legte den Arm um mich. Die Flasche Sturm, fast leer, zwischen uns. Die Herbstsonne vertrieb die Wolken und schenkte uns ihre Wärme. Ich spürte das Kribbeln ihrer Strahlen auf meiner Haut, als würde sie mich streicheln und mir zuflüstern: Es wird schon alles gut. Sogar Peter lächelte.

Ich bedankte mich bei der Frau und wir verabschiedeten uns. Das Pärchen spazierte weiter und ich sah mir das Foto an. »Sieht gut aus«, sagte ich. Dann versendete ich das Foto an die Familie und schrieb darunter: »Jetzt lassen wir es noch mal so richtig krachen.«

Ein paar Tage später, am 6. August, war Peters Geburtstag. Für diesen besonderen Tag hatte ich eine Tradition entwickelt. Jedes Jahr bereitete ich etwas für ihn vor, manchmal kleiner, manchmal größer, doch was genau, das wusste er nie. Auch in diesem Jahr musste er etwas geahnt haben, als ich gegen Mittag sagte, ich müsse noch dringend etwas erledigen. Unsere Söhne meinten zu ihm: »Na komm, Papa, wenn die Mama gerade heute was erledigen muss, dann gehen wir jetzt mal eine Runde spazieren.«

Sie führten ihn zum Palais Coburg, um einen Kaffee zu trinken. Aber kaum hatte er das Innere betreten, sah er gut dreißig seiner besten Freunde, die auf ihn warteten. Wir saßen in einem wunderschönen Saal und stießen auf Peter an.

Auf dieser Feier informierte ich unsere Freunde, dass Peter schwer krank war und Lungenkrebs bei ihm diagnostiziert worden war. Uns war wichtig, kein Mitleid zu bekommen, fassungslose und traurige Blicke, die uns selbst traurig und fassungslos machen würden. Wir wollten es aber auch nicht geheim halten. Dieser Geburtstag war die perfekte Gelegenheit, es allen mitzuteilen, denn für Peter mussten sie sich an diesem Tag zusammennehmen und durften nicht zu jammern beginnen. Ich denke, das war eine gute Entscheidung. Wir haben diesen Tag ungemein genossen, viel gelacht und mit unseren guten Freunden angestoßen. Es war ein schöner Geburtstag.

Wir wussten noch nicht, dass es Peters Letzter sein würde.

Meine Reise

Versprechen, die wir uns geben

Von Belgrad nach Skopje, 7. und 8. August

Ich finde ohne Probleme aus Belgrad heraus. Erneut beeindruckt mich die Weite des Landes, mit seinen Feldern und Wiesen, dazwischen schießen Häuser aus dem Boden wie Pilze, alt und renovierungsbedürftig gehen sie langsam in der Natur auf, weil sich niemand um sie zu kümmern scheint. Meine Angst habe ich unter Kontrolle, als ich auf die serbisch-mazedonische Grenze zurolle. Anders als bei meinem jüngsten Grenzübertritt lässt mich der Beamte diesmal das Fenster herunterkurbeln. Ich muss ihm meinen Pass geben. Er fragt, ob ich die Berechtigung habe, die mazedonischen Straßen zu benutzen.

»Ich fahre nur nach Griechenland«, sage ich.

»Sie brauchen eine Berechtigung«, sagt er. »Und eine spezielle Versicherung.«

»Na gut«, sage ich. »Was kostet das?«

»Es gibt verschiedene Berechtigungen«, sagt er. »Eine Woche oder einen Monat.«

»Ich schlafe nur in Skopje und fahre dann weiter nach Thessaloniki.«

Der Mann überlegt einen Moment und lächelt dann. »Woher weiß ich, dass Sie auch wirklich weiterfahren? Sie könnten einfach in Mazedonien bleiben.«

Die Angst kehrt zurück, schwappt in meinem Magen herum, schlägt gegen meine Brust. Aber ich lasse mich nicht einschüchtern. »Was schlagen Sie also vor?«, frage ich und funkle den Beamten an. Ich möchte meinen Pass zurückhaben, aber der Mann hält ihn locker zwischen den Fingern und scheint keine Eile zu haben.

»Sie kaufen den Schein für die nächsten fünf Tage«, sagt er. »Aber Sie brauchen den gleichen Schein, wenn Sie wieder zurückfahren.«

»Ich fahre nicht zurück«, erkläre ich ihm. Das scheint der Mann nicht zu begreifen. Immer wieder schüttelt er den Kopf und besteht darauf, dass ich den gleichen Schein für den Rückweg bräuchte. Von Flugzeugen hat er offenbar noch nie gehört.

Es dauert lange, bis er mir endlich meinen Pass zurückgibt.

Mir ist bewusst, dass er mich abzocken will. Aber ich weiß nicht, wie ich mich wehren kann. Ich bin hilflos und hasse das Gefühl.

Aber es hat keinen Sinn, mich noch länger aufzuregen. Ich steige aus und gehe zu einem kleinen Schuppen, wo mir ein Mann eine grüne Karte verkauft. Zurück im Auto, lege ich sie hinter die Scheibe. Der Beamte nickt und lässt mich passieren.

Den ganzen Weg nach Skopje ärgere ich mich. Hätte er sich das auch getraut, wenn ich ein Mann gewesen wäre? Oder einen dabeigehabt hätte? Hätte ich ihm lautstark meine Meinung sagen sollen? Ich muss ein paarmal tief durchatmen, um mich zu beruhigen. Meine Hände zittern. Einmal mehr verstehe ich, was es bedeutet, auf mich allein gestellt zu sein.

In Skopje finde ich das Hotel zum Glück leicht. Ich parke vor dem Eingang. Freundlich nimmt die Rezeptionistin meine Daten auf und fragt zum Schluss nach meinem Auto.

»Ich parke vor dem Hotel«, sage ich.

Sie zieht die Augenbrauen zusammen. »Dort ist parken verboten.«

Ich eile nach draußen, doch zu spät. Auf dem Rad meines Autos hängt bereits eine Kralle. Ein langer, schlaksiger Mann in Arbeitskleidung sitzt rauchend ein paar Meter entfernt. Als er mich sieht, wirft er die Zigarette weg und schlendert auf mich zu. Er scheint keine Eile zu haben.

Auf Englisch versuche ich ihm klarzumachen, dass ich Gast dieses Hotels bin und nur kurz einchecken wollte. Er aber zuckt nur mit den Schultern. »Wie viel?«, frage ich schließlich, weil ich weiß, dass es darauf hinauslaufen wird.

»Fünfzig Euro«, sagt der Mann. Ich nicke.

Er ruft jemanden über sein Handy an und kurz darauf kommt ein dicker, kleiner Mann auf einem klapprigen Motorrad um die Ecke gesaust. Er wirkt viel zu schwer für das brummende Ding. Die beiden Männer reden kurz und auf mich macht es den Eindruck, als fände der kleine Dicke, die fünfzig Euro seien zu wenig. Doch der Lange deutet nur auf die Kralle. Grummelnd schließt der Kleine sie auf und nimmt sie ab.

Mittlerweile bin ich mir ziemlich sicher, dass die beiden keine offizielle Erlaubnis haben, sondern einfach irgendwo eine Kralle und die Schlüssel dazu aufgetrieben haben und jetzt Touristen abkassieren. Als ich dem Langen die fünfzig Euro gebe, lächelt er das gleiche Lächeln wie der Beamte auf der Grenzstation.

Ob ich ihnen gerade ein gutes Abendessen spendiert habe?

Zumindest kann ich in der Hotelgarage umsonst parken. Die Rezeptionistin hat mein Problem mitbekommen und erlässt mir die anfallenden Gebühren. Das rührt mich. Trotzdem fühle ich mich so allein wie schon lange nicht mehr. Die Welt kommt mir so bedrohlich vor, voller Gefahren und Hindernisse. Am liebsten würde ich mich in meinem Zimmer einsperren und es nicht mehr verlassen.

Ist es nicht genug?

Habe ich nicht genug durchgemacht?

Wie bereits in den Wochen nach Peters Tod kommt die Disziplin zum Vorschein, die mich als

Schauspielerin stets begleitet und aufgerichtet hat. *Nein*, sagt sie, *kommt nicht infrage*. Du ziehst dich an, richtest dich her und gehst raus. Du machst, was du dir vorgenommen hast. Du hörst nicht mittendrin auf.

Also stehe ich kurz darauf umgezogen vor dem Restaurant des Hotels. Ein »Sushi-Dinner« steht heute speziell auf dem Programm, ein offenbar bekannter mazedonischer Koch soll es zubereiten. Ich entschließe, mich wenigstens mit einem guten Essen zu belohnen. Die Kellnerin führt mich zu meinem Platz. »Was darf es sein?«, fragt sie.

»Das Sushi-Dinner«, antworte ich und verspüre tatsächlich Vorfreude.

»Es tut mir leid«, sagt die Kellnerin und blickt zu Boden. Vielleicht hat sie meine Freude gespürt und es ist ihr unangenehm, mich enttäuschen zu müssen. »Der Koch ist krank. Das Sushi-Dinner fällt heute aus.«

Sie geht, um mir etwas Zeit zu lassen. Enttäuscht starre ich auf die Karte. Das muss ein junger Kellner bemerkt haben, denn er kommt lächelnd auf mich zu.

»Soll ich Ihnen etwas empfehlen?«, fragt er mich. Seine freundliche Art erweckt wieder dieses tiefe Vertrauen in mir, dass es die Menschen gut meinen.

»Ja«, antworte ich. »Das wäre sehr nett.« Ich nehme, was er mir vorschlägt. Es ist ein Fisch und er schmeckt ziemlich gut. Egal, was heute passiert ist, ich wollte, dass dieser Abend ein guter wird. Denn wir haben nicht zu viele Abende. Wir müssen sie genießen, wertschätzen, versuchen, das Beste aus ihnen zu machen. In Wien wäre alles einfacher, aber ich habe diese Reise begonnen, weil ich es mir nicht einfach machen wollte. Weil ich hinauswollte, weil ich das Abenteuer brauchte. Den Gedanken, zurückzufahren, möchte ich nicht einmal zulassen.

Ich muss weiter. Den nächsten Tagen entgegen und darauf vertrauen, dass sie gut sein werden.

Rumi

Um von der Liebe zu sprechen,
habe ich meine Lippen
mit heiligem Feuer gereinigt,
und als ich sie öffnen wollte,
blieb ich stumm.

Bevor ich die Liebe kannte,
besang ich sie in meinen Liedern;
als ich sie kennengelernt hatte,
lösten sich die Melodien
in Luft auf und die Worte verstummten.

Früher habt ihr mich
nach den Wundern der Liebe gefragt,
und ich wurde nicht müde,
sie euch zu beschreiben.

Jetzt, da die Liebe mich
mit ihrer Schleppe berührte,
erkundige ich mich bei euch
nach ihren Wegen:

Gibt es jemanden unter euch,
der mir sagen kann,
was mir geschehen ist?

Gibt es jemanden, der fähig ist, mir die
Wandlung meines Wesens zu erläutern?

Unsere Reise

Der Anruf

Peter lag im Bett und schlief. Er war nun schon seit einigen Tagen in einem Wiener Krankenhaus, um behandelt zu werden. Die Chemo war anstrengend. Noch wussten wir nicht, ob und wie gut sie anschlagen würde. Die meiste Zeit saß ich bloß an seinem Bett und wartete. Wartete, bis er hinter der Tür eines Behandlungszimmers verschwand. Wartete, bis er wieder herauskam. Wartete, dass er nach einem Glas Wasser verlangte oder einer weiteren Decke. Er schlief viel. Die Behandlungen ermüdeten ihn, aber wenn er aufwachte, wollte ich bei ihm sein. Die Tage im Krankenhaus machten sich als Geschmack in meinem Mund breit. Schal, abgestanden, lieblos.

Pfleger kamen, um nach ihm zu sehen. Als sich Peter eines Morgens zur Seite drehte, rutschte sein Shirt nach oben. Durch das lange Liegen hatte sich eine offene Stelle auf seinem Rücken gebildet. Die Haut war wund und bereits entzündet. Als der Pfleger kam, bat ich ihn, etwas aufzutragen.

»Das darf ich leider nicht machen«, sagte er zu mir. »Das darf nur der Oberpfleger. Der muss die Wunde begutachten und dann beschließen, was drauf gehört.«

»Dann holen Sie ihn doch bitte«, sagte ich, so geduldig ich konnte.

»Der kann heute leider nicht mehr kommen«, sagte der Pfleger, ein großer, fülliger Mann mit dem Gesicht eines Kindes und einem lichten Bart, unter dem sein Kinn rosa hervorschimmerte. »Ich kann einen Vermerk hinterlassen.«

Ich biss mir vor Wut auf die Lippen. Nachdem der Pfleger gegangen war und versichert hatte, er würde den Vermerk hinterlassen, ging ich in das Badezimmer und holte eine Creme. Bedacht verteilte ich etwas davon auf Peters Rücken und massierte sie sanft ein.

Am nächsten Tag tauchte tatsächlich der Oberpfleger auf. »So schlimm sieht das nicht aus«, meinte er mit einem Blick auf die Wunde. Die Entzündung war abgeschwollen. Peter selbst spürte aufgrund der Medikamente ohnehin kaum Schmerzen.

»Ja«, sagte ich, »weil ich ihn eingeschmiert habe.«

Der Oberpfleger, ein älterer, drahtiger Mann, ich stellte mir vor, wie er jeden Tag, auch bei Wind und Wetter, mit dem Fahrrad in die Arbeit fuhr, blickte mich an, als hätte ich meinen Mann vergiftet. »Das dürfen Sie nicht«, sagte er forsch.

»Wenn es sonst niemand macht, mache ich es«, entgegnete ich bestimmt.

»Was haben Sie ihm denn gegeben?«

Ich holte die Creme heraus. Der Pfleger drehte sie und blickte sie an, als wäre sie explosives Gefahrengut. »Da ist ja Kortison drin!«, rief er schließlich und gab mir die Creme mit spitzen Fingern zurück.

Am liebsten hätte ich ihm ins Gesicht gelacht. Mein Mann hatte Lungenkrebs und kämpfte sich gerade durch eine Chemotherapie. Und der Pfleger machte sich Sorgen wegen einer Hautcreme mit Kortison!

All die unangenehmen Erfahrungen, die Peter und ich im vergangenen Jahr machen mussten, brachen sich in mir Bahn. Peter wollte den Ärzten vertrauen, er wollte alles versuchen, und ich verstand und unterstützte ihn. Aber was er dafür über sich ergehen lassen musste! Für mich sprengte das jede Grenze. Der Mensch hatte doch ein Recht darauf, in seinen Ängsten und Nöten, in seinen Schmerzen, ernst genommen und mit Rücksicht behandelt zu werden! Besonders in einem Staat wie unserem, der sich sein Sozialsystem und seine Menschenwürde auf die Fahnen schrieb.

Wie oft waren wir um neun Uhr im Spital gewesen, damit Peter seine sechsstündige Therapie antreten konnte, und waren um dreizehn Uhr zum fünften Mal informiert worden, der behandelnde Arzt sei gleich bei uns? Peter bekam Zugänge gelegt von Medizinstudenten, die nicht in der Lage waren, seine Venen zu finden. Seine Schmerzmittel waren konstant zu niedrig dosiert. War er etwa ein Versuchsobjekt? Spielte er keine Rolle mehr? War er abgeschrieben als Patient mit einer tödlichen Krankheit? Ich wusste, wie hart die Arbeit der Ärzte war, ich kannte die Berichte über die Missstände in den Krankenhäusern. Ich erwartete auch keine Sonderbehandlung, weil mein Mann ein berühmter Schauspieler war. Aber die Hilflosigkeit, die Wut, die Ungerechtigkeit, konnte ich trotzdem nicht abschütteln.

Nie nannte uns jemand die Gründe für Verzögerungen, für geänderte Behandlungen, für das Ausbleiben von Maßnahmen. Das bedrückte mich am meisten. Waren wir etwa keine Menschen, die Gründe und Ursachen verstanden? Mit denen man über das Warum und Wieso sprechen konnte? Offenbar erwarteten alle, wir würden uns stumm dem ergeben, was andere über uns entschieden. Doch zur Menschenwürde gehörte für mich, Menschen in Entscheidungen, die sie betrafen, einzubinden. Respektvoll und ehrlich.

Besonders galt das für Menschen, die schwer krank waren, die vielleicht nicht mehr lange zu leben hatten. Peter hatte nicht die Kraft, gegen diesen Umgang aufzubegehren, aber ich schon. Ich wollte mir das nicht gefallen lassen. Wie viel Schmerz, wie viel Angst und Leid ließe sich verhindern, wenn sich die Patienten verstanden und wahrgenommen fühlen würden? Wenn ihnen andere mit Respekt begegneten? Wenn sie nicht das Gefühl bekämen, sie würden bloß aus kosmetischen Gründen behandelt, der Statistik und des Scheins wegen, wo doch ohnehin nichts mehr half? Wenn diese Menschen, zu denen wir alle eines Tages gehören könnten, versichert bekämen, dass ihr Leben, wie lange auch immer es noch dauern möge, wertvoll sei? Dass man sich um sie kümmere, nicht bloß als Patienten, sondern als Menschen? Nicht bloß ihren Schmerz behandeln würde, sondern auch ihre Angst?

An diesem Tag entschied ich, dass wir etwas ändern mussten.

Zunächst konsultierten wir einen Arzt, den uns Freunde empfohlen hatten. Er kam aus der Steiermark, Peters Heimat. Bereits der erste Termin bei ihm war völlig anders als alles, was wir zuvor erlebt hatten. Er gab uns das Gefühl, dass ein Leben auch dann noch lebenswert sei, wenn sein Ende abzusehen war.

Bei der Behandlung in Wien überkam mich oft der Gedanke, wir würden nur noch auf das Unvermeidliche warten. Dieser Arzt jedoch sprach von Anfang an auf Augenhöhe mit uns. Wir gingen verschiedene Möglichkeiten durch. Neue Medikamente.

Während dieses Prozesses verspürte ich neben Dankbarkeit für den Grazer Arzt auch Ärger. Es sollte keine glückliche Fügung sein müssen, so jemanden zu finden. Vielmehr müsste sich das System darauf konzentrieren, sich um Patienten wie meinen Mann zu kümmern wie um alle anderen.

Peters Zustand besserte sich. Die Schmerzen verringerten sich, er konnte sich wieder freier bewegen, hatte mehr Energie und Appetit. Während ich noch immer auf ein Wunder hoffte, konnte diese Verbesserung Peter nicht über den Ausgang des Ganzen hinwegtäuschen. Trotzdem sprachen wir nicht viel über den Tod. Das hatten wir noch nie getan. Unsere Beziehung zu diesem engsten, unwillkommensten Freund war eine komplizierte. Als junger Mensch war ich immer davon überzeugt gewesen, kein langes Leben vor mir zu haben. Ich weiß nicht genau, warum, aber ich versank oft in Schwermut und es gelang mir nicht so recht, weit in die Zukunft zu blicken. Gleichzeitig verlor ich so aber auch die Angst vor dem Tod, zumindest was meinen eigenen anging. Es schien mir wie etwas, das ich eben würde erdulden müssen, eher früher als später, und an das ich nicht denken wollte, bis es so weit war.

Peter war da ganz anders. In ihm pulsierte das Leben. Als wir jung waren, dachte er wohl kaum eine Sekunde daran. Der Tod sollte ihn holen? Das sollte er mal versuchen! So war Peter, er lebte viel zu gern, um sich über so etwas Gedanken zu machen. Mit einer Frechheit, die ich immer bewunderte, nahm er sich Dinge, die er wollte, mit einer Selbstverständlichkeit, die keine Zweifel daran ließ, dass ihm diese Dinge auch zustanden. Und er wollte das Leben. Es stand ihm zu.

So jedenfalls hatte ich Peter immer gesehen. Er ließ das Licht in mein Leben. Sein Lebenswille steckte mich an, fegte die Schwermut hinfort. Und doch wiederholte er immer wieder, seit Beginn unserer Beziehung, einen Satz, dem ich nichts abgewinnen konnte: »Ich will mit dir alt werden.«

Wer dachte denn ans Altwerden? Ich bestimmt nicht. Stets tat ich diese Aussage ab, hielt sie für selbstverständlich, immerhin waren wir verheiratet. Wir würden für immer zusammenbleiben, dessen war ich mir sicher. Nur sah ich eben kein Ende, kein Altern, ich sah immer nur das Jetzt. Doch Peter fühlte etwas, das ich erst noch entdecken musste.

Wir sprachen also nicht über den Tod. Als wir jung waren, sprachen wir nicht darüber, weil für mich ebenso selbstverständlich war, dass er eines Tages eintreten würde, wie es für Peter selbstverständlich war, dass er ihn mit seinem puren Willen aufschieben konnte. Und später wollte ich nicht ans Altern denken, während Peter ganz genau wusste, was er für diese Lebensphase wollte.

Als wir einmal, wir kannten Peters Diagnose bereits, es ging ihm aber relativ gut, in Griechenland

urlaubten, saßen wir in dem stickigen, schlecht be-
leuchteten Innenraum einer Fähre. Die Plastiksessel
waren hart und es gab nichts zu trinken außer bitte-
rem Kaffee von einem Kiosk. Wir saßen nebeneinan-
der und beobachteten die anderen Passagiere. Zwei
Eltern, die überfordert versuchten, ihren schreien-
den Kindern Einhalt zu gebieten. Ein junges Paar,
das sich mehr mit ihren Handys unterhielt als miteinander. Ein junger Mann, der Kazantzakis las.

Plötzlich packte mich Peter hart am Arm. »Da,
schau!«, sagte er und deutete auf einen älteren
Herrn, der auf einen Stock gestützt in einigen Me-
tern Entfernung auf eine Sitzbank zusteuerte.

»Was ist mit ihm?«, fragte ich.

Peters panischer Blick und seine zitternde Stimme
verunsicherten mich. Kannte er diesen Mann etwa?

»Er sieht genau aus wie mein Vater!«

Peters Vater hatte sich vor vielen Jahrzehnten das
Leben genommen. Peter hatte ihn gefunden.

Der Mann vor uns hatte eine gewisse Ähnlichkeit
mit Peters Vater, zumindest sah er aus, wie Peters
Vater in diesem Alter hätte aussehen können.

Ich begriff. Peter hatte Angst. Er dachte, sein Vater
sei hier, um ihn mitzunehmen. »Geh zu ihm«, sagte ich. »Sprich ihn an.« Das Monströse verschwin-
det, wenn wir das Menschliche darin auszumachen
vermögen. Zögerlich stand Peter auf. Langsam ging
er auf den Mann zu, bis er dicht hinter ihm stand.

Als müsste er sich vergewissern, dass er aus Fleisch und Blut bestand. Was dann geschah, erfuhr ich im Nachhinein von Peter.

»Excuse me«, sagte Peter.

Der Mann drehte sich verwundert um.

»Sie können gern Deutsch mit mir sprechen, Herr Simonischek«, sagte der Mann in breitem Steirisch. »Ich weiß, wer Sie sind. Ich bin Sigi.«

Der Mann war ein pensionierter Elektroinstallateur aus der Steiermark, der wie wir seit vielen Jahren in Griechenland Urlaub machte. Er sah Peters Vater wirklich sehr ähnlich. Jedenfalls war es eine schicksalhafte Begegnung. Sigi und seine Begleiter wurden in weiterer Folge gute Freunde von uns. Wir verbrachten ein paar schöne Abende zusammen. Sigi war passionierter Paragleiter und sprach immer davon, Peter einmal auf einen Flug mitzunehmen.

Dazu sollte es leider nicht mehr kommen, aber ich glaube, es war eines der mutigsten und wichtigsten Dinge, die Peter je tat, damals aufzustehen und dem Bild seines Vaters zu begegnen. Er vergewisserte sich damit, dass niemand gekommen war, um ihn zu holen. Es war an ihm, zu bestimmen, wann er gehen wollte.

~

Während den letzten Etappen unserer Reise machten Peter und ich völlig unterschiedliche Erfahrungen mit Ärzten und Pflegern. Manche, wie der Wiener Arzt, der Peter seine Diagnose in gefühllosem Ton verkündete, ließen uns genauso verzweifeln wie die Ineffizienz der Wiener Krankenhäuser. Doch uns begegneten zum Glück auch zahlreiche andere, nicht nur wunderbare Mediziner, sondern auch großartige Menschen. Ich möchte von ihnen erzählen, denn es gibt sie, es gibt genug von ihnen, und niemand sollte aufgeben, ehe er so jemanden gefunden hat.

Neben unserem Arzt aus der Steiermark, von dem ich schon erzählte, war da etwa Professor Madl, der als Arzt unsere gesamte Familie über Jahre hinweg ausgezeichnet betreute. Er war es, der bei Peter den Tumor in der Lunge feststellte. Nie werde ich die Niedergeschlagenheit vergessen, mit der Professor Madl meinen Mann an andere Spezialisten verweisen musste, weil die Lunge nicht sein Spezialgebiet war. Wie gern er Peter bis zum Schluss geholfen hätte! Er erinnerte mich an ein Märchen, an das ich seither oft denken musste. Ich weiß nicht mehr, wo ich es gehört habe oder von wem es stammt.

Es handelt von einem Arzt, der mit jedem seiner Patienten fühlt. Er kämpft um jedes Leben. In dem

Märchen scheint der Arzt stets voraussagen zu können, ob ein Patient überlebt oder nicht. Die Menschen um ihn wundern sich über die Genauigkeit seiner Voraussagen. Seine Gabe entstammt einer Vereinbarung, die er mit dem Tod getroffen hat. Er kann den Tod am Bett der sterbenskranken Patienten sehen. Steht er am Fußende des Bettes, überlebt der Patient, steht er am Kopfende, stirbt er. So war es dem Arzt jedes Mal möglich, zu sagen, ob ein Patient überleben würde oder nicht.

Eines Tages wurde er zu einem Patienten gerufen, der ihm besonders nahestand. Mit Schrecken musste er feststellen, dass der Tod hinter dem Kopfende des Patienten auftauchte. Was also konnte der Arzt tun? Da kam ihm eine Idee. Er drehte das Bett herum, sodass der Tod nun am Fußende des Bettes stand. Der Tod lächelte über diesen gewitzten Einfall des Arztes, der nichts unversucht ließ, um seinen Patienten zu retten.

Der Professor war so ein Arzt. Er hätte alles dafür gegeben, Peters Bett herumdrehen zu können. Als sich Peters Zustand verschlechterte, eilte er aus seiner Praxis an sein Bett und saß zwei Stunden bei ihm. Beinahe hätte er sein Flugzeug verpasst, das am selben Tag ging und das ihn gemeinsam mit seinem Sohn in einen lang geplanten Urlaub fliegen sollte. Aber dem Professor war es wichtig, alles, was er konnte, für Peter zu tun, auch wenn das bedeutete, zwei Stunden lang einfach nur schweigend da zu sein. Peter war zu diesem Zeitpunkt schon zu schwach, um noch zu sprechen, aber ich weiß, dass er diesen Besuch mitbekam. Und dass er ihm viel bedeutete.

Ein anderes Beispiel für solche Ärzte und Pfleger sind die Menschen aus dem Hospizteam, von denen ich später noch schreiben werde. Zunächst jedoch zurück zu den weniger schönen Erinnerungen.

Als wir von Griechenland zurückkamen, sprachen wir erneut mit unserem Wiener Arzt. Ich war nicht sonderlich begeistert, ihn noch einmal aufzusuchen, aber Peter überlegte, eine weitere Chemotherapie zu machen. Der Arzt sprach davon, dass Peter Haare und Nägel ausfallen würden, wenn er sich der Therapie erneut unterzog.

»Aber dabei stirbt er ja vielleicht!«, sagte ich.

»Sterben wird er sowieso«, sagte der Arzt bloß trocken.

In diesem Moment wurde Peter wohl klar, dass dieser Arzt uns nicht helfen konnte. Er behandelte Peter mit einer kalten Gleichgültigkeit.

Peter entschied sich gegen die Chemotherapie. Wir verließen uns ab diesem Zeitpunkt völlig auf den Arzt und sein Team in der Steiermark, und das sollte sich auszahlen. Mit ihm loteten wir neue Therapiemöglichkeiten aus und tatsächlich ging es Peter besser.

Im Dezember 2022 fragten wir ihn, ob wir auf die Malediven fliegen könnten. Wir hatten uns den Urlaub mit Freunden schon vor Langem ausgemacht, nun waren wir unsicher. Würde es vielleicht zu anstrengend sein?

»Wenn Sie fliegen möchten«, sagte der Arzt zu Peter, »spricht nichts dagegen.«

Peter wollte. Es sollte einer unserer schönsten Urlaube werden. Es kam uns vor, als würden wir zum ersten Mal das Meer sehen, und vielleicht taten wir das in gewisser Weise auch. Der Sand unter unseren Füßen war ebenso ein Wunder wie die sich im Wind neigenden Palmen. Wir aßen saftige Ananas und tranken Kokosnusssaft. Wir schnorchelten jeden Tag im kristallklaren Wasser.

Für die Freunde, die uns begleiteten, hatten Peter und ich uns eine kleine Überraschung ausgedacht. Jeden Abend, vor dem Dinner, versammelten wir uns bei Drinks und trugen etwas vor. Ich hatte ein neues Drehbuch bekommen für den Barcelona-Krimi. Peter drängte mich, die Rolle anzunehmen. Er meinte, das würde mir guttun. Vor unseren Freunden probte ich nun die Szenen.

Peter las Geschichten aus Cechovs Band *Die Frau mit dem Hündchen* vor. Einen Abend las er, dann ich, dann wieder er, so wechselten wir uns ab. Am vorletzten Tag unserer Reise beendete ich meine Geschichte, am letzten Tag Peter. Es machte uns große

Freude, unsere Kunst mit diesen lieben Menschen zu teilen.

Hätte uns jemand beobachtet, er wäre nie darauf gekommen, dass Peter unheilbar an Krebs erkrankt war und wir unseren letzten Urlaub miteinander verbrachten. Es ist ein seltsames Paradox. Das Bewusstsein, etwas zum letzten Mal zu tun, lässt es uns wahrnehmen, als wäre es unser erstes Mal. Alles ist noch einmal aufregend, neu, ungekannt. Beständig stoßen wir auf Dinge, die uns noch nie aufgefallen sind, mit jedem Blinzeln verschiebt sich die Welt ein wenig und ist eine andere. Wir sind dankbar, all das erleben und erfühlen zu dürfen. Ohne es zu merken, hatte ich begonnen, die Welt durch Peters Augen zu sehen. Dass er die Realität jedoch viel klarer sah als ich, das wurde mir erst nach unserer Rückkehr bewusst.

In den nächsten Wochen legte er Wert darauf, mit einigen Menschen noch einmal zu sprechen. Ihnen zu sagen, was er ihnen sagen wollte.

Ich versuchte, so gut es ging für ihn da zu sein. Zu dieser Zeit entwickelte sich eine stille Kommunikation zwischen uns. Wenn er es nicht über sich brachte, jemandem abzusagen, übernahm ich das für ihn, ohne dass er mich darum bitten musste. Wenn ich sah, dass er zu schwach war, beendete ich Besuche. Was er nicht über das Herz brachte, das tat ich. Darin sah ich nun meine wichtigste Aufgabe.

Das Ende sah ich dennoch nicht kommen. Vielleicht weigerte ich mich auch, es zu sehen. Bis Peter eines Tages zu mir sagte: »Du, ich glaube, wir sollten Waltraud anrufen.«

Vor Kurzem erst, im Sommer 2022, war Peter zum Ehrendoktor der Kunstuniversität Graz ernannt worden. Waltraud Klasnic, unsere gute Freundin, hatte eine schöne, bewegende Rede gehalten. Obwohl Peter bereits krank war, erfüllte ihn diese Auszeichnung mit großer Freude, immerhin war es die erste Ehrendoktorwürde der Kunstuniverstität Graz für einen Schauspieler. Es war eine Anerkennung für seine Leistung und eine Rückkehr zu seinen Wurzeln, hatte doch dort sein Weg als Schauspieler begonnen. An diesem Tag trat seine Krankheit in den Hintergrund. Es fühlte sich für ihn an wie nachhause zu kommen.

Es war ein Anruf, den ich stets aufgeschoben und verdrängt hatte, obwohl er so naheliegend war. Doch erst als Peter es aussprach, realisierte ich, was nun kommen würde.

Bevor ich zu diesem Anruf komme, möchte ich eine kurze Geschichte erzählen.

Sie beginnt mit einer britischen Frau Anfang des 20. Jahrhunderts und handelt von Hoffnung und Friede, wo vorher nur Verzweiflung und Schmerz herrschten.

Cicely Saunders kam 1918 in Großbritannien als Tochter eines Immobilienmaklers zur Welt. Als Kind aus wohlhabendem Hause konnte sie in Oxford Philosophie, Politik und Ökonomie studieren. Als der Zweite Weltkrieg ausbrach, wollte Saunders etwas Nützliches tun und helfen. Also absolvierte sie eine Ausbildung zur Krankenschwester, um die vielen Opfer des Krieges betreuen zu können. Nach dem Krieg schloss sie ihr Studium ab und blieb ihrem Beruf in der Fürsorge, den sie als ihre Berufung erkannte, jedoch treu.

Sie kümmerte sich besonders um Krebspatienten. Bei ihrer Pflegetätigkeit bemerkte sie, dass besonders Patienten im Endstadium einer unheilbaren Krankheit nur unzureichend versorgt wurden. Für sie schien es in der Medizin keinen Platz zu geben. Die Medizin wollte heilen. Was aber sollte sie mit Menschen tun, die nicht mehr zu heilen waren? Saunders hatte einen blinden Fleck in der Heilkunde entdeckt. Die Medizin wandte sich von Menschen ab, die sie nicht mehr heilen konnte. Damit aber stempelte sie das Leben von unheilbar Kranken als verloren ab, wobei diese oft noch Jahre zu leben hatten.

1947 kam es zu einer schicksalhaften Begegnung. Saunders lernte den vierzigjährigen David Tasma kennen. Sie sollte sich um Tasma kümmern, litt er doch an einer fortgeschrittenen Krebserkrankung und unter teilweise starken Schmerzen. Tasma hatte als polnischer Jude das Warschauer Ghetto überlebt. Nun begleitete ihn Saunders in seinen letzten Wochen und versuchte, sie für ihn so schmerzfrei wie möglich zu machen. Als Tasma schließlich starb, hinterließ er Saunders, zu der er in der kurzen Zeit ihrer Bekanntschaft eine enge Verbindung geschlossen hatte, 500 Pfund, was alles Geld war, das er noch besaß, und den Wunsch, dass sie es in ein Sterbeheim investieren möge. Es sollte Menschen wie ihn auf ihrem letzten Weg begleiten und unterstützen.

Um diesen Wunsch Realität werden zu lassen, studierte Saunders mit mehr als dreißig Jahren Medizin und promovierte 1957. Kurz darauf entwarf sie erste Pläne für eine solche Einrichtung. Es dauerte noch zehn weitere Jahre, bis das erste Hospiz entstanden war, das Saunders von 1967 bis 1985 leitete.

Während dieser Zeit entwickelte Saunders das Konzept des *Total pain*. Ihrer Meinung nach ging es in der Pflege unheilbar Kranker vor allem darum, diesen Menschen den Schmerz zu nehmen. Doch Schmerz war nicht nur ein körperliches Phänomen. Saunders, die nach dem Zweiten Weltkrieg zum Glauben gefunden hatte, gab dem Schmerz vier Dimensionen: physisch, psychisch, sozial und spirituell. Eine würdige Behandlung konzentrierte sich auf alle vier Dimensionen. Das sollten Hospize ermöglichen.

Saunders trieb nicht nur bahnbrechende Forschung zur Schmerztherapie voran, etwa was die Verabreichung von Morphium anging, sie führte auch die Disziplin der Palliativmedizin ein. In ihrem Hospiz arbeiteten Ärzte, Psychologen und Pfleger mit ehrenamtlichen Helfern in engem Kontakt mit den Familien der Angehörigen am Wohlbefinden der kranken Menschen.

Nach dem Vorbild von Saunders' erstem Hospiz entstanden bis 2005 in Großbritannien 220 solcher Einrichtungen. In Deutschland gibt es heute 235 stationäre Hospize. Weltweit sind es mehr als 8.000. Queen Elisabeth II. erhob Saunders für ihre Arbeit 1980 in den Adelsstand und ernannte sie 1989 als einzige Engländerin des 20. Jahrhunderts zum Ehrendoktor der Medizin. 2003 erhielt sie den Ehrenpreis des Viktor-Frankl-Fonds der Stadt Wien. 2005 starb Dame Cicely Saunders mit 87 Jahren in dem von ihr gegründeten Hospiz.

Was Saunders mit ihrem Wirken schaffte, war nicht weniger als den Hoffnungslosen Hoffnung zu geben. Ihre tiefste Überzeugung war es, dass auch Menschen mit unheilbaren Krankheiten all unsere Aufmerksamkeit und Anteilnahme verdienen. Saunders wollte sie nicht vom Leben ausschließen, wegsperren, wie Menschen den Tod eben gern wegsperren, weil sie Angst vor ihm haben, sondern, ganz im Gegenteil, sie ins Leben hineinholen bis zu ihrem letzten Atemzug. Sie wollte ermöglichen, dass Menschen im Kreis ihrer Familie gehen konnten oder im Beisein von Menschen, die sich um sie kümmerten.

Die Ideen Saunders verbreiteten sich auf der ganzen Welt. In Österreich war die Jahre, bevor Peter erkrankte, Waltraud Klasnic Ehrenpräsidentin der Hospizvereinigung Österreichs. Wir waren schon lange Freundinnen. Als sie mir von den Hospizen erzählte, fand ich die Idee dahinter wunderschön. Peter und ich trafen sie häufig. 2022 hatte ich die Ehre, Schirmherrin der Hospizbotschafterinnen Österreichs zu werden. Mich faszinierte das Konzept, dass man am Ende seines Lebens zu Menschen gehen kann, die einem liebevoll helfen, das Leben zu beenden. Ohne Wenn und Aber.

Das ist der Grund, warum ich diese Geschichte erzähle. Während ich versuchte, diesen meinen neuen Zustand zu begreifen, stellte ich fest, wie viele Frauen dieses Schicksal teilen. Plötzlich tauchten so viele Frauen auf, die alleingeblieben sind. So viele sogenannte Witwen.

Es gibt auch genügend Männer, die ihre Partnerin verlieren. Es ist ein völlig normaler Prozess, diese Welt irgendwann wieder zu verlassen. Doch es bleiben große Lücken. Und vielen gelingt es nicht, sie zu füllen.

Besonders am Lebensende können diese Lücken immer größer werden. Meine Erfahrungen mit den Leuten vom Hospiz, mit dem Palliativteam, waren ein Geschenk. Und ich möchte, dass die Menschen mehr darüber wissen.

Mittlerweile ist ein Anspruch auf ein Hospizteam oder einen Hospizplatz gesetzlich verankert. Der Patient muss es nicht selbst zahlen, sondern dies wird von der Versicherung übernommen, gegen einen kleinen Unkostenbeitrag von ein paar Euro pro Tag. Das Hospizteam in seine Wohnung zu bitten ist also keine Frage des Geldes mehr.

Dennoch wird diese Gelegenheit noch viel zu selten wahrgenommen, weil viele Menschen schlicht nicht davon wissen. Eine Freundin von mir, eine Kollegin, erzählte mir vor Kurzem, wie begeistert sie von ihrer Hospizerfahrung gewesen sei. Sie lebt in Berlin und eine Freundin, um die sie sich kümmerte, war todkrank. *Austherapiert*, wie das in der Medizinsprache heißt, wenn keine Therapie mehr hilft. Diese Frau begab sich schließlich in ein Hospiz. Beide, sowohl meine Freundin als auch die Patientin, machten nur gute Erfahrungen.

Der Zustand der Patientin besserte sich sogar so sehr, dass sie wieder nach Hause wollte. Die Hospizärzte haben mit ihr gesprochen und eine Möglichkeit gefunden, wie sie in ihre eigene Wohnung zurückkehren konnte. Mit dem Wissen, jederzeit wieder ins Hospiz kommen zu können, wenn etwas passieren sollte. Und ganz zum Schluss, als sie nicht mehr allein bleiben konnte, tat sie das auch.

Meine Freundin war davon so berührt, dass sie diese Geschichte eine Zeit lang allen Menschen erzählte, denen sie begegnete. Und mir geht es auch so. Ich möchte jedem erzählen, dass wir heute in einer Zeit leben, in der niemand mehr Schmerzen ertragen muss. Wenn das Unausweichliche kommt, können wir uns an ein Hospiz wenden. So kann jeder von uns auf würdige, versorgte, freie Art sein Leben beenden.

Frei bedeutet, dass die eigenen Entscheidungen ernst genommen werden. Möchte ich im Hospiz bleiben oder kann ich zu Hause betreut werden? Wen möchte ich sehen, wen nicht? Alle Mitarbeiter des Hospizes nehmen die Wünsche und Sorgen der Patienten wahr. Bis zum Schluss bleibt einem die Würde des Menschseins. Ich möchte, dass noch viel mehr Menschen davon erfahren. Während Peters Krankheit dachte ich jedoch nicht an das Hospiz. Vermutlich war es meine unbändige Hoffnung, Peter möge doch wieder gesund werden. All die Chemotherapien, die Medikamente, die Ärzte, das musste doch alles für etwas gut gewesen sein, dachte ich.

Dann, im Februar 2023, als wir von den Malediven zurückkamen und Peter langsam immer schwächer wurde, sagte er eines Tages diesen Satz zu mir: »Du, ich glaube wir sollten die Waltraud anrufen.«

Im ersten Moment wollte ich protestieren. Ich wollte ihm sagen, dass es dafür noch viel zu früh sei. Es gäbe doch noch einiges, das wir ausprobieren könnten! Doch dann blickte ich in seine tiefen, ruhigen Augen. In ihnen lag eine Gewissheit, die meine Widerrede im Keim erstickte.

»Ich rufe sie an«, versprach ich.

Damit begann die letzte Etappe unserer gemeinsamen Reise.

So geschah es dann auch. Als wir Waltraud die Situation erklärten, versprach sie uns, Peter einen Hospizplatz zu verschaffen. Die Leiterin des Hospizes machte uns den Vorschlag, ein Palliativteam vorbeizuschicken. »Wir betreuen die Menschen so lange wie möglich daheim.«

Das fanden wir beide schön, weil uns unsere Wohnung in Wien viel bedeutete. Wir hatten sie vor 23 Jahren gemeinsam bezogen, nachdem wir sie völlig renoviert hatten. Sie war zu einem Teil von uns geworden.

In den nächsten Wochen lernten wir das ganze Team kennen. Es bestand aus einer Ärztin, einem

Pfleger, einem Physiotherapeuten und einer Psychotherapeutin. Sie waren für uns alle da. Nicht nur
für Peter, sondern auch für mich und die restlichen
Familienmitglieder. Es gab ein erstes Treffen, bei
dem die Ärztin und der Pfleger anwesend waren.
Sie sprachen mit Peter, lernten ihn kennen und versuchten, seinen Zustand zu erspüren.

Dabei stellten sie fest, dass sie alle einmal die
Woche vorbeischauen würden. Jeder von ihnen an
einem anderen Tag. So, dass an jedem Tag jemand
kam. Ich war sehr überrascht, als sie das sagten,
weil ich nicht dachte, dass dies nötig war. Beim
zweiten Besuch fing die Ärztin an, Peter Morphiumpflaster zu verschreiben, damit er keine Schmerzen haben musste. Alle waren stets darauf bedacht,
Peters Bedürfnisse zu erspüren, ihm zu helfen und
ihn zu unterstützen.

Die Physiotherapeutin kam vorbei und half Peter,
seinen Körper zu fühlen. Sie gab ihm Sicherheit. In
seinen letzten drei Wochen wollte er nur mit ihrer
Hilfe das Bett verlassen und ging auch nur mit ihrer
Hilfe in das Pflegebett.

Als er kaum noch aufstehen konnte, rollten wir
das Bett durch die Wohnung mit ihrer hohen Decke,
den weiten Türen und den großen Räumen. »Die
Wohnung genießen«, nannten wir das.

Als Peter einmal keine Luft mehr bekam und in
Panik geriet, konnte ich das Palliativteam anrufen

und mit ihnen darüber sprechen, was zu tun sei. Sie nahmen mir Angst, gaben mir Ruhe. So konnte ich Peter helfen.

Ich wechselte die
Morphiumpflaster.

Sein Atem ging wieder
regelmäßiger.

Wir mussten ihn nicht ins Krankenhaus
bringen, wo sie ihn womöglich gar nicht
mehr nach Hause gelassen hätten.

So konnte er hier sein, in der Wohnung, in der wir die vergangenen 23 Jahre miteinander verbracht hatten, bei den Menschen, die ihn liebten.

Eines Tages, ich stand mit einem der Pfleger in der Küche, gestand er mir, dass sie an wenige Orte so gern kamen wie an unseren. Das zu hören freute mich sehr. »Es ist so entspannt hier«, sagte er. »Die Dankbarkeit, die Sie uns zeigen, freut uns auch.«

Das wunderte mich. Waren nicht alle Menschen, die sie betreuten, dankbar für ihre Hilfe? Der Pfleger lächelte und schüttelte den Kopf. »Das wäre schön«, sagte er. »Oft haben die Familienangehörigen der Patienten ihre eigene Meinung, was das Beste für sie wäre.«

Sie misstrauten dann den Pflegern, erklärte er mir. Sie verlangten entweder Wunder von ihnen oder dass alles sofort besser wurde. Viele fühlten sich verletzt, weil fremde Menschen offenbar besser wussten, was dem geliebten Menschen, mit dem die Angehörigen ihr Leben verbracht hatten, half. »Dabei ist das unser Job«, sagte der Pfleger. »Wir wollen ja alle dasselbe: dem Menschen helfen.«

Für mich stand von Anfang an außer Frage, dass Peter bekam, was er benötigte. Es ging nicht um mich, es ging um ihn. Da ich wusste, dass dem Team der Pfleger Peters Wohlbefinden am Herzen lag, vertraute ich ihnen. Und half, wo ich konnte.

So näherten wir uns langsam dem Tag, den ich mir nie hatte vorstellen können. Dem Tag, an dem wir Abschied nehmen mussten. Alle, die Peter betreuten, wussten, wie nah er war, nur ich wollte es nie so recht wahrhaben. Egal, wie viel Zeit verging, ich konnte mich an diesen Gedanken nicht gewöhnen. In gewisser Weise dachte ich wohl, es würde ewig so weitergehen. Aber zum Lieben gehört, den Geliebten gehen zu lassen, wenn es an der Zeit ist. Egal, wie hart es ist, wie allein wir uns danach fühlen, wie stark wir auch festhalten möchten. Und diese Zeit war jetzt gekommen.

Meine Reise

Eine Party für mich

Von Skopje nach Saloniki, 8. und 9. August

Auf dem Weg von Skopje nach Saloniki spreche ich mit Peter. Ich lasse ihn teilhaben an dem, was ich sehe und denke. Kurz vor der Grenze fahre ich auf eine Raststätte ab. Sie ist völlig heruntergekommen und verwahrlost. Die Tische sind rostig und Fliegen streiten sich um Krümel auf dem Boden. Ich ordere einen viel zu teuren Kaffee und ein Wasser. Neben mir besänftigen ein paar Frauen schreiende Kinder, Männer scheinen um irgendwas zu feilschen. Als ich das Klo aufsuche, springe ich beinahe zurück, so dreckig ist es. Ich weise den Kellner darauf hin, der nickt wissend. Nach einer halben Stunde, ich habe den Kaffee und das Wasser getrunken, gibt er mir mit einem Zeichen zu verstehen, dass die Toilette gesäubert wurde. Ich mache mich nochmals auf den Weg und finde sie unverändert vor.

Als ich weiterfahre, entdecke ich zu meiner Verwunderung, dass die Raststätte zwar heruntergekommen und widerlich war, aber auch passend. Passend zu dem Weg, den ich beschreite, die Reise, durch die ich mich kämpfe.

Saloniki neigt sich dem Meer zu. Die Menschen fluten die Straßen, bringen Lärm und Leben mit. Die mächtigen Dampfer schieben sich über die griechische See.

Das Hotel, in dem ich üblicherweise absteige, ist ausgebucht. Erinnerungen warten nicht auf mich. Ich mochte das Hotel, weil es am Hafen liegt. Keine fünf Minuten davon entfernt gibt es ein wunderbares Restaurant mit täglich frischem Fisch. Mein neues Hotel liegt in der Stadtmitte. Nach der Fahrt von Skopje hierher fühle ich mich müde. Es ist schon Nachmittag, als ich ankomme. Ich parke meinen Fiat und beziehe mein Zimmer.

Soll ich noch etwas essen? Zunächst möchte ich auf dem Zimmer bleiben, dann aber denke ich an das gestrige Abendessen. Es hinterließ einen fahlen Nachgeschmack, den ich auch heute noch spüre. Als hätte mir das Leben einen Streich gespielt und warte nun auf den Konter.

Also gehe ich ins Badezimmer, dusche, wasche mir die Haare, trage etwas Schminke und Lippenstift auf, wähle eines meiner Lieblingskleider, schlicht, aber in strahlendem rosa.

Der Lift bringt mich auf die Dachterrasse des Hotels. Von dort ist das Meer zu sehen. Ich nehme Platz. Wie auch in den vergangenen Tagen kommen Angst und Unsicherheit in mir auf. Können die anderen Gäste mich als Witwe erkennen?

Sehen sie meine Trauer?

Bemitleiden sie eine alte Frau?

Bin ich das?

»Was darf ich Ihnen bringen?« Die Frage der Kellnerin reißt mich aus meinen Überlegungen. Ja, was darf sie mir bringen?

»Ich nehme einen Dry Martini«, antworte ich, weil das einer meiner Lieblingsdrinks ist: Gin, Wermut, eine Olive. »Haben Sie Sushi?« Immerhin habe ich das Gefühl, das Leben schuldet mir noch ein Sushi-Dinner.

Die Kellnerin nickt und lächelt. »Unser Sushi ist ausgezeichnet!«

Also bestelle ich es. Der Martini kommt und ich nehme einen Schluck. Das Getränk ist bitter und kalt, der Wermut klettert mir über die Zunge. Eine Brise findet den Weg vom Meer zu mir und streift meine Haare. Ich bin so weit weg von zu Hause und doch meinem Zuhause so nah. Morgen Abend schon werde ich bei unserem Haus sein.

Die Einwohner des kleinen Dorfes, die Peter und mich mittlerweile kennen, genauso wie die anderen Engländer, Franzosen und Deutschen, die schon seit vielen Jahren ihre Sommer auf diesem Fleckchen Paradies verbringen, werden mich allein sehen. Sie haben in den Zeitungen, im Internet und aus dem Fernsehen von dem Tod Peter Simonischeks erfahren. Sie wissen alle, dass ich Witwe bin. Wie werden sie mir begegnen?

Hier, auf der Dachterrasse eines für mich neuen Hotels in Saloniki, beschließe ich, darüber nicht mehr nachzudenken. Was ich darf, bestimme ich. Als Witwe, als Frau, als Mensch. Ich darf genießen, wenn ich das will. Ich darf trauern, wenn ich das will. Ich darf glücklich sein, weinen, lachen, schweigen, wenn ich das will. Und jetzt entschließe ich mich, eine kleine Feier mit mir selbst zu feiern.

Das Sushi kommt. Es sieht fantastisch aus. Frischer Lachs, zarter Reis, grüne Avocados. Es ist eine Feier von mir selbst und für mich selbst. Ich feiere meine Ankunft in Griechenland.

»Könnten Sie ein Foto von mir machen?«, frage ich die Kellnerin, weil ich diesen Moment festhalten möchte. Das Foto schicke ich dann an Freunde und schreibe: Party mit mir.

Das Sushi schmeckt herrlich. Die weiten Flügel des Sonnenuntergangs breiten sich über das Meer. Ich kann fühlen, wie nah ich meinem Ziel bin.

Als ich das Handy noch einmal zur Hand nehme, bemerke ich einen Anruf in Abwesenheit. Die Nummer kenne ich nicht, sie ist aus Österreich. Der Anrufer hat mir auf die Mobilbox gesprochen. Ich höre mir die Nachricht an.

»Guten Tag, Frau Karner«, sagt die Stimme. »Ich bin Verleger aus Wien. Ich hätte mich gefragt, ob Sie Ihre Geschichte erzählen wollen? Wenn Sie Interesse haben, rufen Sie mich doch bitte zurück.«

Ich lasse das Handy sinken und denke nach, mein Blick schweift über die Dächer der Stadt. Im ersten Moment denke ich nicht, dass ich ihn zurückrufen werde. Meine Geschichte erzählen? Wo würde ich anfangen, wo aufhören? Wie würde sie lauten? Und konnte ich das überhaupt?

Gesänge des Universums
von Ernesto Cardenal

Was ist in einem Stern? Wir selbst.
Alle Elemente unseres Körpers und des Planeten
waren im Innern eines Sterns.
Wir sind Sternenstaub.

Vor 15 Milliarden Jahren waren wir eine Masse
aus Wasserstoff, die im Raum schwebte,
sich langsam drehte, tanzte.
Und das Gas verdichtete sich immer mehr
und bekam immer mehr Masse,
und die Masse wurde Stern und begann zu
strahlen.

Sie verdichtete sich und wurde weiß und hell.
Die Anziehungskraft schuf thermische Energie:
Licht und Wärme.

Als ob man Liebe sagte.

Die Sterne wurden geboren, wuchsen, starben.
Und die Galaxie bekam die Form der Blume,
so, wie wir sie heute in der Sternennacht
sehen.

Unser Fleisch und unsere Knochen kommen
von anderen Sternen,
vielleicht sogar aus anderen Galaxien,
wir sind universal,
und nach unserem Tod werden wir andere
Sterne bilden helfen
und andere Galaxien.

Von den Sternen stammen wir, zu ihnen
kehren wir zurück.

Unsere Reise

Friede

Das Ende ist ein gewiefter Betrüger. Es kündigt sich an, doch lässt dich zugleich hoffen, es bliebe noch genug Zeit. Genug Zeit für letzte Gespräche, letzte Treffen, letzte gemeinsame Essen, ein letztes Mal einen Film schauen, ein letztes Mal etwas lesen, so viele letzte Male ... Bis es, leise und verstohlen, viel zu früh und plötzlich über dich hereinbricht. Als gingest du einen dunklen Tunnel entlang und das Licht am anderen Ende ist nicht, wie du glaubtest, das Tageslicht, sondern die Scheinwerfer eines Zuges. Kollision. Ende.

Das Ende, um das es hier geht, kündigte sich an, als Peter ablehnte, mit unseren Söhnen das Champions-League-Endspiel anzusehen. Peter war immer schon ein großer Fußballfan gewesen, wichtigen Spielen fieberte er mit unseren Söhnen entgegen. Alles war im Nebenzimmer aufgebaut, der Fernseher lief, das Bett hätte zehn Meter verschoben werden müssen. Aber Peter wollte nicht. Er war zu müde. Da musste er es akzeptiert haben, das Ende.

Peter war Ehrenmitglied des Burgtheaters, womit ihm nach seinem Tod ein Ehrenbegräbnis zustand, eine Aufbahrung an den Stiegen des Burgtheaters und ein Trauerzug um das ehrwürdige Haus. Diese Ehre war ihm wichtig, ließ ihn weniger Angst vor dem Unvermeidbaren haben. Für mich jedoch war die Vorstellung, hinter seinem Sarg gehen zu müssen, unerträglich.

Das Hospizteam schickte eine Psychotherapeutin vorbei, die in den letzten Wochen öfters mit Peter und uns gearbeitet hatte, um uns vorzubereiten. Diesmal bat ich um eine »Paartherapie«.

Peter hatte bereits Probleme, aus dem Bett zu steigen, doch geistig war er noch völlig klar. Ich schilderte der Therapeutin meine Angst. Während des Begräbnisses, das den ganzen Tag dauern würde, müsste ich die Rolle der Witwe spielen. Und ich müsste sie gut spielen, immerhin wären hunderte Leute vor Ort. Ich hatte Angst vor dem Druck, vor den vielen Blicken, davor, nicht zu wissen, was angemessen war und was nicht. Wie sollte ich wissen, welche Emotionen mich überwältigen würden beim Anblick von Peters Sarg? Allein an diese Frage zu denken bereitete mir Übelkeit. Ich wusste nicht weiter.

Alle meine Befürchtungen breitete ich vor der Therapeutin und auch vor Peter aus. Es war wichtig, jemand Professionellen zwischen uns zu haben. Als ich geendet hatte, ergriff Peter meine Hand. »Wenn es dir so schwerfällt«, sagte er, »dann lassen wir das beim Burgtheater einfach sein.« Er sagte das mit so viel Wärme, mit so viel Verständnis. Die Situation veränderte sich schlagartig. Ich fühlte nun eine Stärke, die ich zuvor nicht verspürt hatte. Es ging um ihn. Nicht um mich. Und dieses Wissen gab mir Kraft.

Ich drückte seine Hand. »Natürlich machen wir es«, sagte ich. Und damit war die Diskussion beendet.

Einer unserer guten Freunde bat sogar an, Peter nach Griechenland zu fliegen, privat, nur damit er noch ein letztes Mal unser Haus sehen konnte und das Meer davor. Vor Kurzem erst hatten wir es fertig renoviert. Ich wusste, der Freund meinte es ernst. Peters Augen begannen zu leuchten, als der Freund dieses Szenario vor ihm ausbreitete. Aber wir wussten beide, wie unmöglich dieses Angebot war. Die Freude, sich das vorzustellen, tat uns beiden gut.

Peter schlief schon seit zwei Tagen die meiste Zeit. Sein Atem ging flach, als übergäbe er der Welt mit jedem Atemzug ein kleines Stückchen seiner selbst. Seine Söhne und ich saßen rund um sein Bett. Ich hielt seine Hand. Und da fühlte ich sie, die grenzenlose, alles verschlingende Liebe. Sie füllte plötzlich den Raum aus, mit der Kraft eines Sonnenaufgangs warf sie ihre Wärme direkt in meine Brust. Ich wandte den Kopf und sah, dass seine Söhne sie auch fühlten. Wir waren genau an dem Punkt, an dem wir sein sollten. Zusammen. Als Familie. Wie am Anfang, so auch am Ende.

Geräuschlos, geborgen in dieser Liebe, hatte Peter zu atmen aufgehört. Sein Herz schlug nicht mehr. Wir blieben um ihn sitzen, weinten und teilten dieses Gefühl der Liebe, das er uns hinterlassen hatte.

Ein Geräusch ließ mich die Augen öffnen. Sein Bild, das an der Wand lehnte, war zu Boden gefallen. »Nicht«, sagte ich, als einer meiner Söhne es wieder aufstellen wollte. »Das ist schon gut so.«

In diesem Moment wurde mir klar, was das Bild und Peters Körper auf dem Bett gemeinsam hatten. Sie waren bloße Gegenstände, Symbole, die nicht mehr Peter repräsentierten. Er war nun woanders. Ich legte mich auf das graue Sofa, das gegenüber von Peters Bett stand. Ich musste in seiner Nähe bleiben. Ich musste es beobachten. Ich musste es sehen. Ich musste es mitbekommen. Dass es keinen Atemzug mehr gab. Ich musste es immer wieder kontrollieren.

Ich musste ...

Ich musste ...

Ich musste ...

Es könnte ja sein, dass es nur eine Pause ist.

Und dann wieder weitergeht.

Es könnte ja sein, dass alles wieder gut wird. Dass es nur ein Irrtum ist.

Und wir schliefen. Er schlief, ich schlief. Ich stand immer wieder auf und kontrollierte.

Ich wusste, ich sollte jemanden anrufen, man hatte mir die Nummern gegeben. Aber noch nicht jetzt. Ich war noch nicht so weit. Ich lag auf diesem Sofa und wartete. Vielleicht passierte ja doch ein Wunder, dachte ich mir. Vielleicht war ja alles nur ein böser Traum.

Doch die Realität ließ sich nicht bestechen. Was geschehen war, blieb geschehen. Langsam verdichtete sich die Erkenntnis. Es hatte sich etwas Grundsätzliches geändert. Es war nur noch der Körper da.

Gegen sechs Uhr wachte ich auf und rief zunächst unsere engsten Freunde an. Ich fragte, ob sie Abschied nehmen wollten. So kamen sie der Reihe nach vorbei. Danach saßen wir still herum. Jeder hing seinen Erinnerungen nach.

Gegen Mittag rief ich eine Nummer an, um den Tod meines Mannes bekannt zu geben. Eine Beschauerin kam vorbei, die den Tod feststellte und mir einen Zettel in die Hand drückte, auf dem hunderte Telefonnummern verschiedener Bestattungsinstitute standen. Wen sollte ich anrufen? Woher wusste ich, welcher Name besser war als ein anderer? Ich begann mit der ersten Nummer.

»Bitte?« Eine Frau antwortete, doch ihre Stimme war schrill und fordernd.

Ich wollte ihr Peter nicht anvertrauen.

»Entschuldigung, verwählt«, sagte ich und legte auf. Ich überflog die Liste erneut. Bestattungen hatten alle die gleichen, seltsam beschwichtigenden Namen. Himmelblau. Engel. Orchidee. Memoria. Schließlich entschied ich mich für einen Namen und rief dort an.

Diesmal hob ein Mann ab. Seine Stimme war sanft und verständnisvoll. Er wollte mir ein paar Fragen stellen, doch ich unterbrach ihn. »Das kann ich nicht«, sagte ich. »Sie müssen herkommen und es sich selbst ansehen.«

Der Mann überlegte. »Geben Sie mir eine halbe Stunde«, sagte er dann. Eine halbe Stunde später waren er und eine Mitarbeiterin hier. Als wir uns vorstellten, erzählte er mir, er sei der Schwiegersohn einer guten Freundin von mir. Tatsächlich hatte ich schon oft von ihm gehört, allerdings wusste ich nichts von seinem Beruf als Bestatter.

»Ich habe noch nie einen so friedlichen Toten gesehen«, sagte die Mitarbeiterin, als sie Peters Maße nahm. Ihre Worte berührten mich, denn das war mein Ziel gewesen. Peter dabei zu helfen, loszulassen.

Meine Söhne und ich zogen meinem Mann einen schönen Anzug an. An die Füße schoben wir dicke Wollsocken, die er geliebt hatte. Eine Nachbarin vom Land, die uns manchmal half, hatte sie ihm gestrickt, und da Peter schnell kalt wurde, trug er sie gern. Sie waren jedoch so dick, dass keine Schuhe darüber Platz hatten. So wurde Peter ohne Schuhe abgeholt, dafür in seinen Lieblingssocken.

Als sie Peters Körper aus dem Zimmer brachten, fühlte ich, dass es bloß eine Hülle war. Das war nicht mehr er. Seine Seele war verschwunden, hatte einen anderen Platz gefunden, das spürte ich.

Die Bestatter waren gegangen und meine Söhne waren in ihre Wohnungen zurückgekehrt. Ich saß allein auf der Couch und betrachtete das leere Bett. In meinem Kopf war nur Platz für eine einzige Frage. Was jetzt?

Das Alphabet des Abschieds

Volos, 10. August

Von Saloniki in das thessalische Dorf am Pagasitischen Golf sind es vier Stunden Autofahrt. Die
Autobahn, die aus Saloniki herausführt, befindet
sich seit ihrem Beginn in Umbauarbeiten. Wenn die
Stadt erst einmal weit genug hinter einem liegt, ver-
schwindet das Meer und macht Platz für eine sprö-
de, trockene Ebene, wie im amerikanischen Death
Valley. Hügel und Felsen recken ihre kahlen Häup-
ter der Sonne entgegen, deren erbarmungsloses
Licht im Sommer den Asphalt zum Glühen bringt.

Alles ist so anders als in Wien. Ich bin erst seit
fünf Tagen unterwegs, doch es kommt mir vor, als
hätte ich die Welt durchquert. Viele Welten. Der Anruf des Wiener Verlegers hallt in mir nach. Ein Buch
über den Verlust schreiben? Über das Zurückbleiben? Über die Herausforderung, sich neu zu entdecken? Über die Schuld, die Scham, die Angst, den
Mut, die Einsamkeit, die Liebe? Wie soll ich Worte
für all das finden? Es bräuchte ein Wörterbuch für
das Alphabet des Abschieds, aus dem ich schöpfen

kann. Doch so ein Wörterbuch gibt es nicht. Ich muss mir die Begriffe selbst erkämpfen, erarbeiten, wie Entdecker die Stellen des Nordpols betreten haben, auf die vor ihnen noch kein Mensch seinen Fuß gesetzt hat. Jeder neue Begriff muss abgetastet werden wie das Eis. Hält er oder zerbricht er unter der Last dessen, was er zum Ausdruck bringen soll?

Nach Peters Tod flüchtete ich mich in die Stille. Eine erfahrene Schauspielerin weiß um den Effekt der Stille, des Schweigens. Schweigen verleiht der Sprache Tiefe, Ernst. Richtig eingesetzt, empfinden die Zuseher Dankbarkeit für das Durchbrechen der Stille oder für die Pause zwischen Sätzen, die sie nur schwer ertragen können. Ein Redefluss, der keine Stille kennt, schläfert die Menschen ein. Und in einer Stille, die zu lange dauert, verliert der Schweigende seine Stimme. Im Alten Ägypten wurden die Ehefrauen der Pharaonen mit ihnen in den Pyramiden lebendig begraben. Die dicken Steinwände schlossen ihre Worte ein mit dem toten Körper ihres Gatten. Er beherrschte sie, im Leben wie im Tod. Keine Sprache für diese Frauen. Schweigen.

Nach etwas mehr als zwei Stunden Fahrt erreiche ich Volos, eine relativ junge Stadt mit vielen orthodoxen Kirchen und einem großen Hafen, in dem vor allem Frachtschiffe anlegen. Es ist die letzte größere Stadt, bevor ich das Dorf erreiche, in dem Peter und ich die letzten Jahrzehnte verbracht haben. Die

Hitze hält die Stadt in ihrem unnachgiebigen Griff. Es ist 15 Uhr, Zeit für die Siesta, die Geschäfte sind geschlossen, eine gespenstische Atmosphäre hat sich über den Ort gelegt. Verlassen.

Ich setze mich in ein Café, das ich meist aufsuche, wenn ich in Volos bin, und bestelle einen griechischen Kaffee. Er kommt in einem kleinen Metallbecher, eine dunkelbraune, heiße Brühe, am Boden des Bechers legt sich das Kaffeepulver ab. Bereits das Aroma treibt mir die Müdigkeit aus den Knochen.

Das Handy liegt vor mir auf dem Tisch. Wenn ich mich entscheide, dann gibt es kein Zurück. So bin ich. Ich habe mich für Peter entschieden. Gemeinsam alt werden, hat er gesagt. Jetzt ist er fort und ich bin ... bin ich alt? Ich fühle mich nicht alt. Jetzt beginnt eine neue Phase meines Lebens, die anstrengend wird und schwierig, aber auch aufregend und neu. Vielleicht erwarten manche Menschen von einer Witwe, zu schweigen. Aber ich habe lange genug geschwiegen. Wenn ich die Stille noch ein wenig länger hinauszögere, verliere ich darin womöglich meine Stimme. Ich will sprechen. Ich will erzählen. Von mir, für andere.

Ich nehme das Handy und es läutet. Es ist die Nummer, die mich gestern Abend anrief. Der Verleger aus Wien.

»Ich habe über das Projekt nachgedacht«, sage ich. »Ich möchte meine Geschichte erzählen.«

Abschied
von Alois Hergouth

Schwer wird es sein,
so plötzlich gehen zu müssen –
mitten am Tage vielleicht,
oder abends,
bevor die Konzerte beginnen.
Der Tee wird noch warm sein,
das Bett. –
Und das Buch auf dem Tisch
nicht zu Ende gelesen …

Man wird es nicht glauben.
Und doch. –
Denn das war es schon immer.

Die Pfiffe vom Bahnhof bei Nacht:
Schlaf nicht weiter! – Gib acht! –
Das Signal,
wo die Straßen sich kreuzen. –

Und einmal die Hast,
fünf Minuten
vor Abfahrt des Zuges.

Aber vielleicht
Wird es gar nicht so schwer sein.
Vielleicht nur der Schritt,
nur der Augenblick
über der Schwelle –

das, was man lässt,
bevor man hinausgeht
ins Freie.

Unsere Reise
Die eisernen Ringe

Das Burgtheater öffnete an diesem Tag seine Tore. Ein schwarzer Teppich war über die Stiegen ausgerollt worden. Ein schwarzer Samtvorhang hing über dem Eingang. Trauerfeuer brannten zu beiden Seiten.

Die Menschen gingen an dem Feuer vorbei, durch den Vorhang, an den Blumen vorüber, den Teppich hinauf, um am Sarg meines Mannes von ihm Abschied zu nehmen.

Als ich die Stufen hinaufging und an meinen Platz geführt wurde, war ich, was ich am Theater immer war: eine Schauspielerin. Die schwarze Witwentracht verwandelte mich, sie materialisierte meine Trauer, verstofflichte sie, ich konnte sie an mir tragen wie ein Schutzschild. Das Tor wurde dann für die Öffentlichkeit geschlossen, nun waren nur noch enge Freunde und Verwandte sowie die Burgtheaterschauspieler anwesend. Vor seinem Tod hatte Peter noch bestimmt, wer bei diesem Anlass sprechen sollte. Obwohl es üblich war, dass hochrangige Politiker sprachen, gab es das diesmal nicht. Nur drei ausgewählte Menschen, von denen Peter wollte, dass sie etwas sagten. Am Ende konnten wir seine

Stimme noch einmal hören, eine Aufnahme, in der er ein wundervolles Gedicht von Alois Hergouth las. Während all dem saß ich auf meinem Stuhl, ganz aufrecht, hinter mir meine Söhne und Freunde. Ich saß ganz aufrecht, wissend, dass ich mir keine Schwäche erlauben konnte und wollte. Ich saß ganz aufrecht, um das Ganze überhaupt durchstehen zu können.

Peters drei Söhne und mein Bruder gingen neben dem Sarg her, als er die Stufen hinuntergetragen wurde. Ich folgte ihnen. Hinter mir eine Menge wunderbarer Menschen. Auf der Straße nahmen wir Aufstellung. So viele Menschen standen auf der anderen Seite des Rings und blickten zu uns herüber. Da wurde mir klar, dass sie genau wussten, was sie sahen. Sie alle kamen für Peters letzte Vorstellung und applaudierten, als der Sarg die Treppe hinabgetragen wurde.

Wie es das jahrhundertealte Protokoll vorsah, wurde Peters Sarg einmal um die Burg getragen. Ich führte den Trauerzug an, ging wie in Trance. Um nicht loszuschreien, versteinerte etwas in mir. Wie im Märchen *Der Froschkönig oder der eiserne Heinrich* von den Gebrüdern Grimm legten sich die eisernen Ketten um mein Herz, zogen es zusammen, verschnürten es. Ließen Gefühle weder hinein noch hinaus. Ich konnte hören, wie sich der Verschluss dieser Eisenringe knackend schloss. In großer Einsamkeit ging ich hinter diesem Sarg her, eine Einsamkeit, die mich nicht mehr verlassen sollte. Als wir die Runde beendet hatten, wartete bereits der Leichenwagen vor dem Eingang des Burgtheaters. Der Sarg wurde eingeladen. Als der Wagen losfuhr, klatschten die Menschen. Ein nicht enden wollender Applaus. Sie klatschten und klatschten, bis der Wagen nicht mehr zu sehen war.

Es war Peters letzter großer Auftritt. Und in all dem Schmerz und der Trauer war ein Funken Freude. Ich freute mich so sehr für dich, lieber Peter. Ich wünschte mir so sehr, dass du diesen Applaus hörst. Du liebtest den Applaus so sehr, und dieser war so selbstverständlich, so stark. Es war dein größter Applaus.

Danach versammelten sich die Gäste auf dem schönen Balkon des Burgtheaters. Menschen aus der ganzen Welt waren gekommen, Regisseure, Kollegen, Weggefährten. Es war eine große Begegnung, wir begegneten uns in einem staunenden, nicht zu verstehenden, gemeinsamen Schmerz. Einige von ihnen begleiteten mich in meine Wohnung und ich war dankbar für jeden von ihnen, für ihre Fürsorge und Nähe. Wenige Tage später fand die Beerdigung statt. Beigesetzt wurde Peter in seinem Heimatort, dem steirischen Markt Hartmannsdorf. Die ganze Gemeinde und der Bürgermeister hatten alles wunderbar vorbereitet. Dort war die Zeremonie nahbarer, persönlicher, sie zeigte eine andere Seite von Peter: die des Lausbuben, des ewigen Kindes, des bodenständigen Steirers. Sie fand beim Peter-Simonischek-Literaturbrunnen statt, wo wir oft gelesen haben. Auch diese Feier war ein Theaterstück. Obwohl drei ehemalige Landeshauptleute und der aktuelle zugegen waren, akzeptierten alle unseren Wunsch, keine Rede zu halten, sondern eine Fürbitte zu lesen. Die einzige Rede hielt unser Sohn Benedikt, und wie wunderschön, wie ergreifend sie war! Sie war ein Geschenk.

Wir gingen Richtung Friedhof, erneut trugen Peters Söhne und mein Bruder den Sarg. Ich folgte ihnen allein, so hatte ich es gewollt, denn ich musste dieses Zurückgelassensein, dieses Alleinsein, akzeptieren. Ich wollte es akzeptieren. Wir gingen ganz langsam. Erneut spürte ich diese eisernen Ringe, die sich um mein Herz schlossen.

Und dann passierte es. Die Blaskapelle spielte und ihr Lärm gab mir Sicherheit, hüllte mich ein, schob sich zwischen mich und die Wirklichkeit. Der Damm brach, es war ein Moment, der stellvertretend war für alle anderen Momente seit Peters Tod.

Ich schrie.

Den Netzschleier vor dem Gesicht, den schwarzen Hut auf dem Kopf, krampfte sich mein Magen zusammen und ohne stehen zu bleiben öffnete ich den Mund.

Ich schrie.

Der Schrei verfing sich in der Musik, wurde von ihr in alle Himmelsrichtungen zerstreut. Nur meine Söhne wandten den Blick, doch verstanden, was geschah. Sie begriffen, dass sie mir diesen Platz geben mussten. Ich schrie, weil es keine andere Art gab, mit der Ungerechtigkeit, der Trauer, der Einsamkeit, dem Altern und dem verfluchten Tod umzugehen. Weil ich die Stille nicht mehr aushielt, in der sich die Angst einnistete, dem Leben nun allein begegnen zu müssen. Ich wollte diese Angst zerbrechen, die Stille vertreiben, die eisernen Ketten um mein Herz zersprengen.

Als die Erde seinen Körper verschluckte, der Sarg hinabgelassen wurde, war der Schrei längst verklungen. Nur in mir klang er noch leicht nach, ich zitterte, daran konnten aber auch die Tränen schuld sein. Ich stand aufrecht vor dem Erdloch, in dem ein Teil meines Lebens verschwand, und mir wurde etwas klar. Ich war nicht traurig, weil Peter gegangen war, sondern weil er nicht wiederkommen würde. Er ging voraus und machte die Tür hinter sich zu. Ob und wann ich einen Schlüssel dafür erhalten würde, wusste ich nicht, es lag nicht in meiner Hand.

Nach dem Begräbnis gingen wir in eine Buschenschank, in der wir oft gewesen waren. Es gab ein Abschiedsfest. Wir weinten und lachten, erzählten uns Geschichten. Doch ich nahm nicht ganz teil, war nicht völlig präsent, sondern ich funktionierte. Ich tat, was verlangt wurde.

Und als wir die Buschenschank verließen, war jeder in der Trauer vereint und doch mit ihr allein.

~

Für jetzt bleiben Glaube, Hoffnung, Liebe, diese
drei / doch am größten unter ihnen ist die Liebe.

Paulus, erster Brief an die Korinther

~

Bereits kurz danach begann ich, die Wohnung zu verkleinern. Peter hatte schon vor vielen Jahren gemeint, wir bräuchten keine so große Wohnung, aber ich wollte sie nicht verändern, denn sie war unsere. Nun war sie meine. Und ich brauchte wirklich nicht so viel Platz, immerhin waren die Kinder alle bereits aus dem Haus. Ein Drittel der Wohnung richtete ich so ein, dass ich sie an Freunde oder Bekannte vergeben konnte, wenn sie in die Stadt kamen. Den Rest veränderte ich sanft. Ich brachte wieder mehr Farbe in die Räume, Bilder und Kunstgegenstände, die mir gefielen und die von verschiedenen Orten der Welt stammten. Meine Freundin Eta schenkte mir wunderschöne, deckenhohe Gemälde von Bäumen. »Die sind sowieso zu groß für jeden anderen Raum«, meinte sie. Nun hingen sie im Wohnzimmer, wo noch vor wenigen Wochen Peter gelegen hatte, und verliehen dem Raum eine neue Offenheit.

Ich mistete die Bibliothek aus, in der hunderte Bücher dreireihig standen. Zahlreiche gab ich an einen Freund, der ein Antiquariat betrieb. Ich konnte mir nicht mehr vormachen, alle Bücher zu lesen, die wir besaßen. Ich wollte nur noch jene behalten, die ich zu lesen vorhatte.

Obwohl ich regelmäßig Yoga machte, bekam ich schlimme Schmerzen im unteren Rückenbereich. Ich konsultierte einen Arzt, um zu sehen, ob in meinem Rücken alles in Ordnung war. War es. Bei einem Gespräch mit einer Physiotherapeutin stellte ich fest, dass ich seelische Schmerzen nicht richtig rauslassen konnte. Wenn ich Yoga machte, verschwanden die Schmerzen, doch über den Tag schlichen sie sich wieder ein. Ich verspürte krampfartige Muskelschmerzen, die, wenn ich untätig blieb, zunahmen. Doch gerade weil die Bewegungen so schmerzten, blieb ich untätig. Wenn ich in den Schmerz hineinging, ihn zuließ, wenn ich weinte, was selten passierte, dann ließ der Schmerz nach. Es wurde eine regelrechte Aufgabe, mich mit mir selbst zu beschäftigen. Mein Geist wollte weitergehen, doch mein Körper blockierte. Über meinen Schmerz zu sprechen, schien ihn manchmal zu lindern, manchmal zu verstärken. Irgendwann wurde der Schmerz mein ständiger Begleiter.

Ich beschloss, ein Jahr lang nur Schwarz zu tragen. Dabei erinnerte ich mich an ein Erlebnis aus meiner

Jugend. Mit ungefähr zwanzig Jahren, ich studierte gerade Schauspiel in Zürich, war ich mit einem Schauspielkollegen und einem Fotografen eines Sommers nach Griechenland gefahren. Der Fotograf nahm uns mit nach Kreta, wo er bereits öfters gewesen war. Er führte uns in verschiedene kleine Dörfer, alle schön, verlassen und aus der Zeit gefallen. Ich war eine junge, ambitionierte Schauspielstudentin und tat, was ich für interessant hielt: Ich rauchte viel, trank Whiskey und trug schwarze Kleidung. Wir saßen in dem einzigen Café eines dieser kleinen Dörfer, als ich bemerkte, wie mich eine alte Frau am Nebentisch ununterbrochen anstarrte. Auch sie war völlig in Schwarz gekleidet. Als ich ihren Blick erwiderte, winkte sie mir. Ich stand auf und folgte ihr ein paar Häuser weiter. Sie öffnete die Haustür und führte mich in einen engen, schummrigen, nach Katzenhaar riechenden Flur. Am Ende des Flurs hatte sie einen kleinen Schrein eingerichtet mit Fotos und Kerzen.

Die Fotos zeigten einen Mann in verschiedenen Lebensjahren.

Sie drehte sich zu mir und ergriff meine Arme.

In ihren Augen lagen eine Trauer und ein Schmerz, die mir völlig fremd waren. Doch ich begriff. Diese Frau dachte, ich sei ebenfalls Witwe. Den Fotos zu urteilen, waren sie und ihr Ehemann lange zusammen gewesen. Wie schrecklich ihr mein Schicksal vorkommen musste, als so junge Frau bereits Witwe zu sein! Ich schämte mich fürchterlich, ihr Mitleid missbraucht zu haben. Sie teilte mit mir ihre tiefe Trauer, und warum? Wegen einer modischen Entscheidung, die in diesem griechischen Dorf, in dem noch die Traditionen vergangener Zeiten galten, völlig missverstanden worden war.

Als ich fast fünf Jahrzehnte später die Witwentracht anlegte, dachte ich an diese Frau, erinnerte mich an ihren Blick. Und verstand nun, was mich damals in Schrecken versetzt hatte. Ich fühlte mich auf seltsame Weise mit dieser Frau verbunden, die sicher schon seit vielen Jahren tot war.

Nicht lange nach Peters Begräbnis, ich war gerade dabei, die Wohnung umzugestalten, entdeckte ich einen Wasserschaden. Irgendwo war offenbar ein Rohr undicht geworden und verursachte eine Pfütze, die sich bis in unsere Küche ausbreitete. Ich rief einen Installateur. Während er die Lage begutachtete, setzte ich mich in die Bibliothek. Nach einer Weile kam er zu mir. »Wollen Sie, dass wir uns den anderen Schaden auch ansehen?«

»Welchen anderen Schaden?«, fragte ich verwirrt.

Er führte mich nicht in die Küche, wo das Wasser stand, sondern in das Wohnzimmer. An der Stelle, an der Peters Bett gestanden hatte, zeigte er nach oben. Ich folgte mit meinen Augen seinem Fingerzeig. An der Decke hatte sich ein dunkler Fleck gebildet.

»Das muss doch von einer anderen Wohnung kommen«, meinte ich.

Der Installateur zuckte mit den Schultern. »Ich kann es mir mal ansehen.«

Nach etwa einer Stunde kam er wieder in die Bibliothek.

»Der Schaden in der Küche ist behoben, das Rohr ist repariert und das Wasser abgepumpt«, sagte er. »Aber was den Fleck in Ihrem Wohnzimmer angeht ...« Er kratzte sich am Kopf. »Keine Ahnung, wo der herkommt. Ich würde ihn mal als Wasserschaden deklarieren, aber Ursache habe ich keine gefunden. Am besten Sie trocknen die Decke mit Ventilatoren, dann sollte er verschwinden. Wenn noch etwas passieren sollte, rufen Sie uns an.«

Ich bedankte mich und begleitete ihn zur Tür. Dann ging ich zurück ins Wohnzimmer und blickte auf den dunklen Fleck an der Decke, für den der Installateur keine Erklärung hatte finden können.

Unvermutet ließ mich ein Gedanke lächeln, der mir womöglich aus dem offenen Fenster zugeflogen war. *Da ist seine Seele hinaus*, dachte ich. *An dieser Stelle hat sie seinen Körper verlassen und ist durch die Decke verschwunden, an einen neuen, schöneren Ort.*

Stille.

Die Bungalows waren in einem Kreis angeordnet. Sie verfügten über das Nötigste: Bett, Badezimmer, einen Schreibtisch. Viel Holz und Bambus. In der Mitte dieses Kreises stand ein Pavillon mit einer Buddha-Statue darin.

Stille.

Die Hitze hier war anders als in Europa. Sie roch anders, legte sich anders über den Körper, vernebelte den Verstand, schien nicht von oben herabzufallen, sondern vom Erdboden aufzusteigen. Sie stieg auf, bis der Regen kam und sie wegwusch.

Stille.

Nach Peters Tod drehte ich einen Film in Tallinn. Er hatte mich noch dazu gedrängt, zuzusagen, denn er meinte, ich würde etwas brauchen, um mich abzulenken. Der Regisseur war wunderbar, ein sehr einfühlsamer Mann, und die jungen Kolleginnen und Kollegen waren auch großartig. Ich genoss es, mich nach den Dreharbeiten mit ihnen an der Bar zu treffen und zu unterhalten. Doch ich spürte, dass ich noch immer in einer Schockstarre durch die Welt ging. Als ich durch die mittelalterliche Innenstadt spazierte, mit ihren harten Pflastersteinen und eckigen Fachwerkhäusern, und das alles in mich aufnehmen wollte, gelang es mir nicht. Ich war vollkommen gelähmt, funktionierte wie ferngesteuert, meine Gefühle waren taub.

Kaum war ich wieder nach Wien zurückgekehrt, entschloss ich mich, einen Ort aufzusuchen, der mir schon früher geholfen hatte. Bisher war ich zweimal dortgewesen, jeweils mit guten Freundinnen. Nun, es war März, würde ich das erste Mal allein kommen.

Es handelte sich um ein kleines Gesundheitszentrum in Indien, das ein Arzt eröffnet hatte. Seine Behandlung umfasste neben medizinischen Therapien auch Yoga, Ayurveda und Massagen. Als ich die letzten beiden Male nach den Aufenthalten nach Hause kam, fühlte ich mich wie neugeboren. Es war nur logisch, nach Peters Tod an diesen Ort zu kommen.

Diesmal jedoch war meine Behandlung eine besondere. Ich hatte den Arzt über meine Situation in Kenntnis gesetzt und mit ihm vereinbart, meinen Aufenthalt dort schweigend zu verbringen. Bis auf die notwendigsten Wortwechsel mit dem Personal würde ich nicht sprechen. Ich nahm an den täglichen Yogastunden und Meditationen teil, ich erhielt Massagen, die gegen meine Rückenschmerzen helfen sollten, ich wanderte durch das Hotelgelände und las viel. Doch ich sprach nicht. Ich erzählte niemandem meine Geschichte und fragte auch niemanden nach seiner. Ich trug bunte Kleider, wie es in Indien viele gab, und ging frühmorgens barfuß durch das Gras vor meinem Bungalow. Ich beobachtete den Flug der Vögel, die Bewegung der Bäume, den Fall des Regens. Ich fühlte, wie die Wörter in mir wuchsen, sich ausdehnten, doch jeden Tag, wenn ich meine Yogaübungen vollzog, atmete ich sie aus. Ich ließ sie hinaus, schuf Platz in mir für meine eigene Bedeutung von Trauer, von Schmerz, von Verlassenheit. Die Leere in mir reifte und ich erlaubte ihr, sich langsam zu füllen. Es war eine selbstgewählte, keine auferlegte Stille. Es war keine Stille, die mich und meine Stimme niederdrückte, sondern es war eine Stille, die mich einlud, aufforderte, in mich zu horchen und nach neuen Begriffen zu forschen. Wer wollte ich sein? Wer konnte ich sein? Wie würde mein Leben ohne ihn aussehen?

Keine Rechtfertigungen, keine Begründungen, keine Ausreden, keine Beileidsbekundungen. Die Stille machte mich frei. Die drei Wochen vergingen schnell und leise. Als ich in den Flieger zurück nach Österreich stieg, machte mir die Stille keine Angst mehr. Sie war eine Freundin geworden, eine Begleiterin, eine Einflüsterin. In ihr und durch sie hatte ich sie gefunden, meine Stimme, in der ich meine Geschichte erzählen würde.

~

Ich kam im Mai nach Wien zurück. Zum ersten Mal seit vielen Jahren hatte ich wieder ein Engagement im Sommer angenommen, *Der Alpenkönig und der Menschenfeind* von Raimund. Ich wollte prüfen, ob das Theater noch immer etwas für mich war. Die Produktion war großartig.

Die Schmerzen in meinem unteren Rücken nahmen wieder zu. Auch der Orthopäde wusste nicht weiter. Als sich die Vorstellungen des Alpenkönigs dem Ende zuneigten und der Sommer anbrach, wurde mir klar, dass ich nach Griechenland musste. Über dreißig Jahre lang waren wir immer dort gewesen, Peter, die Kinder und ich. Selbst als Peter den *Jedermann* in Salzburg spielte, fuhr ich mit den Kindern nach Griechenland und er versuchte zumindest für einige Tage nachzukommen. Ein Jahr ohne Griechenland war unvorstellbar.

Außerdem musste der Fiat 500, mein Cinquecento, dorthin. Normalerweise stand er immer in Griechenland, weil es dort sonst keine Transportmöglichkeiten gab. Für Reparaturen hatten wir ihn allerdings nach Wien gebracht. Nun stand er hier und wartete auf seine Rückkehr nach Griechenland.

Ich wusste, dass dieser Ort meine Schmerzen lindern würde. Ich musste ans Meer, ich musste darin schwimmen, die Wärme und Sonne aufsaugen. Doch welche Route sollte ich nehmen? Für gewöhnlich nahmen Peter und ich immer die Fähre. Doch ich hatte Angst, auf der Fähre verrückt zu werden. Ich konnte keine Route nehmen, die ich gemeinsam mit Peter genommen hatte. Es musste eine andere Route sein, ein anderer Weg. Mein Weg.

Wir hatten davon gesprochen, einmal über Belgrad und Skopje zu fahren. Ein langer, mühsamer Weg, der durch vier Länder führte. Voller möglicher Stolpersteine und Probleme. Ein Abenteuer. Das musste es sein, spürte ich. Das war mein Weg. Und ich fasste den Entschluss, allein nach Griechenland zu fahren.

Meine Reise

Eine Füchsin sein

10. August, ein Dorf in Thessalien

Als ich Volos verlasse, um die letzte Etappe meiner Reise anzutreten, füllt eine wüstenähnliche Landschaft mein Sichtfeld aus. Alte, rostige Verarbeitungsanlagen für Gestein schlagen Risse in die unberührte Umgebung und erinnern an die Anwesenheit des Menschen, selbst an den verlassensten Orten. Der Anblick mutet dystopisch an.

Dann jedoch werden die Straßen schmaler und winden, schlängeln, sich am Meer entlang. Die Kurven muss ich mit großer Sorgfalt nehmen. Die eine Seite fällt hinab zur Brandung, auf der anderen befindet sich unnachgiebiger Fels. Ich durchquere kleine Dörfer, fahre an Tavernen mit rustikalen Holzdächern vorbei und an Bänken unter Olivenbäumen, auf denen alte Männer sitzen und ihren Enkelkindern beim Spielen zusehen. Jugendliche auf Mopeds kurven durch die engen Gassen, oft sitzen zwei Personen auf einer Maschine, Junge und Mädchen. Das Mädchen schlingt ihre Arme um die Hüfte des Jungen und ihre Haare flattern im Wind, ich fühle mich zurückversetzt in eine andere Zeit.

Gelangweilte Frauen stehen am Straßenrand und verkaufen Olivenöl.

Der Fels zieht sich zurück, wird überwuchert von grünem Leben. Büsche, Bäume und Pflanzen verdichten sich zu Wäldern, in die ich nun hineinfahre. Dürre Äste strecken sich über dem Dach meines Fiats. Das Sonnenlicht fällt nun gefiltert durch die Blätter in mein Auto. Und zwischen all dem Grün blitzt es immer wieder blau durch, wenn hinter den Bäumen das Meer die Sonnenstrahlen reflektiert. Die Landschaft der thessalischen Landzunge, die den Pagasitischen Golf abschließt, ist paradiesisch.

Eine steile, kurvenreiche Straße führt hinab zu einem kleinen Dorf, das direkt ans Meer gebaut worden ist. Zwischen Strand und Häusern liegt eine enge Straße, die nur von einem Auto befahren werden kann. Bei Gegenverkehr muss einer der Fahrer zurückschieben, bis er in eine Hauseinfahrt einbiegen und den anderen vorbeilassen kann. Zum Glück fahren nur sehr wenige Autos in dem Ort.

Ich passiere das hiesige Hotel, das wunderbaren Fisch anbietet und dessen Besitzer einst ein berühmter griechischer Fernsehmoderator war, bevor er sich mit seiner etwas mürrischen Frau und dem Sohn hier niedergelassen hat. Nun fährt er jeden Tag aufs Meer hinaus und kommt manchmal mit frischem Fisch zurück. Vor einer kleinen Brücke, erleuchtet von den britisch anmutenden Straßenlampen aus grünem Eisen, biege ich ab und fahre den schmalen Kanal entlang, in dem ein paar Fischerboote angelegt sind und sanft vor sich hin schaukeln. Dann biege ich auf einen sandigen Weg ab, fahre an Olivenhainen vorbei, bis ich den äußersten Punkt dieses kleinen Dorfes erreiche. Es ist eine Zeile von vier oder fünf Häusern. Nur ein Weg aus Pflastersteinen liegt zwischen den Eingangstüren und dem Meer. Die Bewohner kennen mich. Ich steige aus und begrüße sie. Sie müssen ihre Plastiktische und Stühle vom Weg räumen, damit ich mit dem Auto langsam vorbeifahren kann, zu einem kleinen Parkplatz, der eigentlich ein brachliegendes Stück Land zwischen zwei Häusern ist. Eine Nachbarin, eine junge Künstlerin aus Athen, lädt mich ein, doch in den nächsten Tagen zum Abendessen vorbeizuschauen. Ob mein Sohn denn auch komme, fragt sie und lacht.

Mein Nachbar, ein fauler Mann mittleren Alters, würdigt mich keines Blickes, als ich mit meinem Koffer und meiner Reisetasche an seinem Haus vorbeigehe. Seit Peter und ich das Haus neben seinem gekauft und hergerichtet haben, spricht er kein Wort mehr mit mir. Offenbar hat er selbst darauf geschielt, aber das kümmert mich im Moment überhaupt nicht.

Ich öffne das schmiedeeiserne Tor, links und rechts ruhen auf Säulen weiße Steine. Im kleinen

Vorhof steht eine gigantische Vase aus Ton. Ich sperre die Haustür auf und betrete das weite Wohnzimmer, an einer Seite ist ein Kamin angebracht, an der anderen Seite eine kleine Küchenzeile mit einem Holztisch davor. Über eine Holztreppe gelange ich in den ersten Stock, wo das Bett und ein paar Kästen stehen. Im Erdgeschoss ist ein modernes, verfliestes Bad angebaut worden und einen kleinen Garten gibt es auch, in dem ein Zitronenbaum wächst.

Im Vorjahr suchte ein schlimmes Unwetter die Region heim. Starke Regenfälle haben ganze Hänge zum Abrutschen gebracht. Auch dieses Grundstück musste von Schutt und Wasser befreit werden. Für die ganze Region war es ein traumatisches Erlebnis. Zum Glück ist davon nichts mehr zu sehen. Die Menschen sitzen wieder vor ihren Häusern und blicken auf das Meer hinaus. Was man eben so macht im Paradies.

Peter wollte immer, dass wir den großen Holztisch in den Vorhof tragen, wo man das Meer sehen kann. Ich fand den Tisch zu sperrig. Diesmal lasse ich ihn im Garten stehen und hole bloß ein rundes Tischchen, das gerade mal zwei Personen Platz bietet. Ich schleppe es in den Vorhof und stelle es dort unter den schattenspendenden Schutz der Pflanzen, die seit einem Jahr über zwei Meter in die Höhe gewachsen sind. Dann setze ich einen griechischen Kaffee auf dem Gasherd auf. Mit der Tasse Kaffee setze ich mich an das Tischchen, in einen Flechtsessel. Dort sitze ich also. Und schaue auf das Meer hinaus, wie alle anderen auch, die im Paradies leben.

Was war der Gewinn dieser Reise? Was wollte ich erfahren?

Ich wollte eine Ahnung davon bekommen, dass die Anstrengung, die manchmal bis an die Grenze des Erträglichen und darüber hinaus geht, belohnt werden kann. Die Situation, in der man sich völlig neu gegenübersteht, hält Geschenke bereit.

Ich trat diese Reise aus dem Gefühl heraus an, mich nicht mehr richtig zu spüren. Ich wollte herausfinden, wie ich damit umgehen soll. Konnte ich das überhaupt? Damit umgehen? Die Reise durch diese monotone Landschaft, geprägt von einem fahlen Grün, stundenlanges Fahren durch die immergleichen Wiesen und Felder, versetzte mich in einen demütigen Zustand. Diese Größe, die Weite des Weges, eröffnete einen Raum vor mir, einen unglaublich großen, unbewohnten, sogenannten *leeren* Raum. Nichts als Natur.

In dieser Leere wurde mir das Geschenk des Lebens fühlbar und bewusst. Ich kam raus aus dem Alltag, aus der Stadt, der Enge und den vielen Menschen, von denen ich umgeben war. Den Häusern, dem Getriebe und dem Lärm, der ständig um mich herrschte, entkam ich. Das alles nimmt der Körper als anstrengend wahr. Dieser Gegensatz zwischen der Entspanntheit der Natur und dem Getriebe des Alltags wurde mir auf dieser Reise erst so richtig klar.

Wenn ich das Gefühl bekam, auf der Erde gäbe es gar keine Lebewesen mehr, tauchte irgendwo ein Schaf oder eine Ziege auf und ich freute mich unglaublich darüber. In diesen Momenten bedankte ich mich beim Universum. Bei Gott. Ich bedankte mich, dies alles erleben zu können. Das Spiel des Lebens zu spielen. Und auf die nächste Herausforderung warten zu dürfen. Manches wird schwierig sein ... aber in diesen Momenten des stundenlangen Fahrens fühlte ich mich bereit, zu leben. Das Leben zu erleben. Ich spürte eine fast kindliche Freude, durch dieses Geschenk des Lebens herausgefordert zu werden. Und ich fühlte, was das Leben von mir forderte. Fertig zu werden mit dem Loch, mit der Leere, die sich neben und in mir ausgebreitet hatte. Und diese Reise machte mich wagemutig, machte mich kräftig, und ich glaube daran, es schaffen zu können.

Wenn der Schmerz kam, wenn es wehtat oder ich traurig wurde, fühlte ich, dass dies nur ein vorübergehendes Gefühl war und dass hinter diesem Gefühl, hinter dieser Trauer, hinter dieser Sinnlosigkeit, der Sinn wartete, von mir entdeckt zu werden. Die Sonne wird wieder aufgehen, das weiß ich jetzt, auch in meinem Herzen. Dieses Wissen erfüllt mich mit unglaublicher Dankbarkeit für mein Sein, für dieses Geschenk des Lebens.

Während dieser fünf Tage durfte ich fühlen, wie beschützt und behütet ich in dieser Welt bin. Wie alle Dinge miteinander verwoben sind, auf eine natürliche, ursprüngliche Art.

Und nun, ganz langsam, realisiere ich, dass ich am Ende meiner Reise bin. Einer Reise, die mich durch halb Mitteleuropa geführt hat, von Wien über Belgrad und Skopje bis an diesen Zipfel Griechenlands. Doch eigentlich begann meine Reise viel früher. Sie begann vor Peters Krankheit, vor seiner Diagnose, vor unserer Heirat, vor unserem schicksalhaften Abendessen über einem Berg Pommes, sie begann vor den Dreharbeiten zu *Lenz*.

Meine Geschichte begann, als ein Mädchen in Kärnten, deren Vater blind war und deren Mutter immer schon Schauspielerin hatte werden wollen, einen Entschluss fasste. Sie fasste den Entschluss, ohne die Wörter bewusst auszusprechen, mehr zu sein als Schauspielerin, als Mutter, als Ehefrau, als Witwe. Sie entschloss sich, sie selbst zu sein.

Das ist ihre Geschichte.

Spindel im Mond
von Christine Lavant

Ach schreien, schreien! – Eine Füchsin sein
und bellen dürfen, bis die Sterne zittern!
Doch lautlos, lautlos würge ich den bittern
Trank deines Abschieds, meinen Totenwein.

Und schleiche kriechend, schattenlos schon fast,
Geripp aus Martern in der Stirn metallen
durch Schlangenzweige, die vom Walde fallen,
darin du gestern mich verwunschen hast.

In deiner Spur verreckt das fromme Wild,
die roten Vögel unsrer Zärtlichkeiten,
der schwarze Jäger will nach Hause reiten,
sucht nach dem Krebs im trüben Himmelsbild.

Zurück will alles. Auch der Totenwein
in meiner Kehle würgt sich noch nach oben.
Ich hör mein Herz die Gnade Gottes loben,
das dringt wie Bellen mir durch Mark und Bein.

Weiterführende Informationen zum Thema Hospiz

In seiner Arbeit »Der Klang der Stille« beschäftigt sich Laurenz Greger mit der Palliativpflege, dem Sterben und dem Abschiednehmen im Hospiz.

Greger zeigt, wie die Architektur und die Einrichtung eines Gebäudes eine Rolle im Sterbeprozess spielen können, gibt einen Einblick in die historische Entwicklung der Hospizidee und erklärt psychologische Grundlagen und Therapien der Palliativmedizin.

Die Arbeit ist mit dem angeführten QR-Code online kostenlos zugänglich.

Der Klang der Stille.
Ein Sterbehaus für Wien
Lorenz Vincent Greger

Allgemeine Informationen zum Thema Hospiz vom Dachverband der Palliativ- und Hospizeinrichtungen Österreich

Hospiz und Palliative Care ist die ganzheitliche Betreuung zur Verbesserung der Lebensqualität von Patientinnen und Patienten und ihren Familien, die mit Problemen konfrontiert sind, die mit einer lebensbedrohlichen Erkrankung einhergehen: durch Vorbeugen und Lindern von Leiden, durch frühzeitiges Erkennen, untadelige Einschätzung und Behandlung von Schmerzen sowie anderen belastenden Beschwerden körperlicher, psychosozialer und spiritueller Art. Dabei steht nicht die Krankheit im Mittelpunkt – sondern »der Mensch in seiner individuellen Lebenssituation.«

Wenn die Krankheit so weit fortgeschritten ist, dass von Heilung nicht ausgegangen werden kann, sollte den Menschen Hospiz und Palliative Care angeboten werden – auch parallel zu kurativen oder rehabilitativen Behandlungen.

Kontaktadressen für Fragen
rund um das Thema Hospiz

Informationen Österreich

Kontakt:
Telefon: +43 1 803 98 68
von Mo bis Fr von 9:00 - 13:00 Uhr
Mail: dachverband@hospiz.at
Website: www.hospiz.at

Informationen Deutschland

Kontakt:
Telefon: +49 30 3010100 – 0
von Mo bis Fr von 9:00 - 15:00 Uhr
Mail: dgp@dgpalliativmedizin.de
Website: www.dgpalliativmedizin.de

Informationen Schweiz

Kontakt:
Telefon: +41 31 310 02 90
von Mo bis Fr von 9:00 - 12:00 und 13:00 - 17:00 Uhr
Mail: info@palliative.ch
Website: www.palliative.ch